解码工作行为，激发组织效能，

谙熟管理之道，善用组织资源。

Organizational
Behavior and Management

组织行为与管理

熊勇清 / 著

中国财经出版传媒集团

经济科学出版社
Economic Science Press

图书在版编目 (CIP) 数据

组织行为与管理/熊勇清著. --北京：经济科学
出版社，2023.5
ISBN 978 - 7 - 5218 - 4781 - 9

Ⅰ.①组… Ⅱ.①熊… Ⅲ.①组织行为学②组织管理
学 Ⅳ.①C936

中国国家版本馆 CIP 数据核字 (2023) 第 090173 号

责任编辑：李　雪
责任校对：刘　娅
责任印制：邱　天

组织行为与管理

熊勇清　著

经济科学出版社出版、发行　新华书店经销
社址：北京市海淀区阜成路甲 28 号　邮编：100142
总编部电话：010 - 88191217　发行部电话：010 - 88191522
网址：www. esp. com. cn
电子邮箱：esp@ esp. com. cn
天猫网店：经济科学出版社旗舰店
网址：http://jjkxcbs. tmall. com
北京时捷印刷有限公司印装
710 × 1000　16 开　13 印张　170000 字
2023 年 9 月第 1 版　2023 年 9 月第 1 次印刷
ISBN 978 - 7 - 5218 - 4781 - 9　定价：58.00 元
(图书出现印装问题，本社负责调换。电话：010 - 88191545)
(版权所有　侵权必究　打击盗版　举报热线：010 - 88191661
QQ：2242791300　营销中心电话：010 - 88191537
电子邮箱：dbts@ esp. com. cn)

前　　言

　　有效激发员工的工作潜能，不仅是现代管理者的工作"重点"，也是现代管理者所普遍面临的"难点"之一。现代管理工作者所面对的管理对象极其复杂，所谓"千人千面，百人百性"，要想有效地激发员工的工作潜能，首先要了解员工的个体差异，只有谋求员工个性与工作的匹配，才能有效地发挥每个员工的长处，并使组织释放出最佳效能。《组织行为与管理》这门课程，聚焦于人们作为组织成员（包括普通员工和管理人员）在工作过程中所表现出的相关行为，通过对人们"工作行为"的分析，提高各级管理人员对下属员工的心理和行为的预测、引导和控制的能力，及时地协调个人、群体、组织之间的相互关系，从而在最大限度地激发员工的工作热情、发挥员工的工作潜能的基础上，更有效地实现组织的目标。

　　具体而言，《组织行为与管理》这门课程分别从微观、中观和宏观三个层面开展研究，解码组织成员"工作行为"的规律、特征及形成的原因。首先，在微观层面，针对员工的个体行为开展研究。个体是构成组织的细胞，在这个层面主要研究管理者如何在掌握个体心理特点的基础上，有针对性地调动个体的工作积极性，矫正员工个体的不良行为。研究内容包括知觉、个性、价值观、态度等，它是组织行为与管理研究的基础和出发点。其次，在中观层面，针对群体行为开展研究。群体作为组织的器官，是连接个体和组织的桥梁，发挥着承上启下的作用。群体是由个体构成的，但它不是个体的简单相加，它有着区别于个体的特点。因此，《组织行为与管理》这门课在研究个体的同时，还必须研究群体的形成、结构、动力、特征、规模、内聚力、群体建设、群体决策等问题。最后，在宏观层面，关注组织作为一个整体所表现出来的行为。组织的结构、组织变革以及组织文化等，对个体和群体的心理和行为都有影响。因此，在研究个体和群体的基础上，还必须对整个组织系统进行总体的研究，如组织结构、组织文化、组织变革与发展，等等。

正是由于《组织行为与管理》课程准确地把握了现代管理工作者在实际工作中所普遍面临的一些"难点"，该门课程目前已成为工商管理人才训练中的必修课程，包括哈佛大学、斯坦福大学在内的全球顶尖大学商学院都无一例外将这门课程列入教学计划。然而，《组织行为与管理》作为一门系统严谨的管理学课程，内容深奥难懂，对于多数读者来说，不易理解接受。如何通过一种通俗易懂的方式让广大读者在一种轻松愉悦的方式下领略这门课程的无穷魅力并掌握其精髓，是国内外相关院校一直在探索与思考的问题，也是我在从事管理科学研究、教学及企业咨询近 30 年经历中一直思考的问题。

2008～2009 年，我以访问学者的身份在美国硅谷学习、研究。在这一年中，我观摩了哈佛大学商学院（Harvard Business School）、伯克利大学哈斯商学院（University of California – Berkeley, Haas School of Business）的课程教学及培训过程。这些商学院培养了一批批商界精英，它们的管理培训有两个特点：一是强调"情境嵌入"，通过模拟、重现管理的场景，为学员提供"情境嵌入"式的学习；二是强调"实战演练"，主要通过课堂内外的互动讨论，帮助学员将显性的管理理论、方法、概念转化为隐性的感受、认同、决断能力。受到美国著名大学商学院管理课程教学与培训这种范式启发，我于 2013 年在湖南科技出版社出版了《管理学 100 年》一书，该书采用通俗的语言表述方式，系统全面地介绍了从远古文明时期管理先哲的思想浪花，到现代管理大师的智慧与实践。该书出版以来，深受读者欢迎，不少读者希望我能够继续沿用这种通俗的文字表述方式，更加系统地介绍管理活动的基本原理、规律与方法。同时也有一些读者朋友期待着我们能够借助互联网平台推出一些与教材内容密切相关的授课视频。然而，囿于日常繁重的教学与科研，这个愿望一直搁于心头。

近年来，为满足社会大众学习的需要，国家大力推动慕课（大规模开放在线课程）建设，鼓励高校老师按照"金课"建设标准，推出一批既可以满足高校跨校共享，又可以适应社会大众普及学习要求的在线开放课程，正好契合了我搁置心头多年的愿望。为此，我在"中国大学 MOOC""学银在线"等平台推出"管理素质与能力的五项修炼——跟我学管理学"慕课（视频）。同时，我在经济科学出版社出版了与之配套的《管理素质的五项修炼》一书。该书采用大量鲜活的案例讲解管理学的基本原理与知识，这种不同于一般"教材"的撰写风格受到了读者朋友的广泛好评，并被许多企业列入内训教材。配套的线上课程在"中国大学 MOOC""学银在线"等国家精品课程网站上线运行以来，受到了高校学生、企业在职管理人员的高度评价，被认定为"国家级一流课程"。

一些读者朋友们鼓励我能够推出更多类似形式的教材。为此，我经过近两年时间的精心准备、打磨，撰写完成了《组织行为与管理》一书。本书沿袭了我的前一本书的风格，收集了来自实际工作中的"大、小、微"近 100 个案例，采用真实、鲜活的案例系统讲授"员工画像三个维度""外在激励三个抓手""内在驱动'三架马车'""群体思维与决策"等组织行为与管理的方法与技巧，将组织行为与管理的原理"通俗化"、学习过程与方式"互动化"。此外，本书还构建了由"困惑与思考""课程精讲""释疑解惑"三个环节所构成的"实战演练"范式。在"困惑与思考"环节，给出实际案例并提出相应思考题；"课程精讲"环节则系统讲授相关知识点，并对"困惑与思考"环节的案例展开分析；在"释疑解惑"环节留下具有一定"挑战性"的案例题（或思考题），借助网络平台与广大读者互动讨论，并给出相应观点。同时，我拍摄制作了本书配套的讲座视频"组织行为与管理"，由 30 个精彩微课视频构成，该讲座视频在"学堂在线 https：//www. xuetangx. com""学银在线 https：www. xueyinonline. com"等平台上线以来，已有数万人学习观看，被一些大型企业指定为管理培训的必修课程。使用本书的读者朋友可以登录上述学习平台免费观看全部讲座视频并参与互动讨论。

本书获得了湖南省研究生精品示范课程（湘教通〔2022〕116号）、中南大学高水平研究生教材（项目编号：2021JC04）等建设项目经费的支持。在书稿撰写及课程视频拍摄制作过程中，秦书锋、李旭、王溪、饶奕邦、程倩、林钰青、王俊峰、张志剑、熊裕康、熊桢、张秋玥、刘薇婧、朱振东、李艺睿等付出了大量的劳动，经济科学出版社李雪编辑对本书的出版给予了大力支持。本书引用了国内外学者的观点或案例等资料，谨致以真挚的谢意。

热忱希望与广大读者朋友建立广泛交流。加入我们的课程，期待你的成功与进步！

2023 年 8 月

CONTENTS 目录

第 *1* 章

课 程 导 入

1.1　管理要义：善于借力

--------------------➤

困惑与思考

刘邦是中国历史上第一个平民出身的皇帝，他从秦末农民起义中崛起，在兵不过几万人的情况下，击败了拥兵百万、勇武过人的项羽，建立了汉朝。

刘邦究竟有什么样的过人才智？史书记载，他"文不能书，武不能战"。

起事之初，西汉的开国功臣是萧何，张良为刘邦出谋献策，韩信的军事能力和战斗力完全在刘邦之上。（资料来源：司马迁．史记 [M]．北京：中华书局，2022．）

▶▶**思考题：** 为什么刘邦能从平民跃升为一代开国皇帝？刘邦成功的原因是什么？

◀-------------------

什么是管理？目前多数学者所认同的是管理科学开山鼻祖弗雷德里克·温斯洛·泰勒（Frederick Winslow Taylor）关于管理的定义。泰勒认为：管理就是通过协调他人的活动，达到与他人一起或者通过他人的努力来实现组织目标。

从泰勒的这一定义中，我们可以看到管理的核心要义有两点：管理在于借力；管理是一门艺术。

管理的核心要义之一："借力"

所谓"管理"，就是与他人一起或者通过他人的努力来实现组织目标。这是管理者与操作者的重要区别所在。常言说，王者以"借"取天下，智者以"借"谋高官，商人以"借"盈大利。很多人都认为，做事必须"竭尽全力"，这无疑是正确的。但对于管理者而言，我们必须明确：此"力"不能简单地认为就是你自己所"拥有"的资源和能力，而是你所能"借助"的所有的组织内外资源和能力。

管理者通常可以划分为四个层次：自己干，别人不干；自己干，别人也干；自己不干，别人干；自己不在现场，别人还在玩命干。

第一个层次"自己干，别人不干"，实际上并不是一个合格的管理者，他并没有发挥管理者的职能。

第四个层次"自己不在现场，别人还在玩命干"，这是管理者的最高层次。达到这个层次的管理者，必然是由于他建立了完善的管理体系，并掌握了高超的管理技巧，这是管理者不懈努力的基本方向。

借力，实际上就是整合资源。作为好的管理者，必须有"资源"的眼光，一定要将每天所接触到的"人"和"事"，包括你的上级、下级、同事、合作伙伴、客户，都要看作是一种资源。

在平时的管理工作中，当我们在给一些人安排工作、下达目标时，经常会有人说：我就这么一点资源，怎么可能去完成这么大的一项任务。其实，这种说法是有问题的，因为你在确立你可以完成的任务和实现的目标时，不能只考虑到你"拥有"哪些资源，你必须同时考虑到，你除了"拥有"这些资源外，你还可以"整合"哪些资源。

------------------➤

知识链接

◎弗雷德里克·温斯洛·泰勒（Frederick Winslow Taylor, 1856～1915），美国著名管理学家，经济学家，被后世称为"科学管理之父"。泰勒在他的主要著作《科学管理原理》（1911年）中提出了科学管理理论，他指出"诸种要素——不是个别要素的结合，构成了科学管理，它可以概括如下：科学，不是单凭经验的方法。协调，不是不和别人合作，不是个人主义。最高的产量，取代有限的产量。发挥每个人最高的效率，实现最大的富裕。"100多年来，泰勒科学管理思想仍然发挥着巨大的作用。

资料来源：MBA智库（https：//wiki. mbalib. com/wiki/泰勒的科学管理）

◀------------------

在这里，同大家分享一个案例。

很多年前，我在长沙市一个大酒店做过一次管理讲座，听众都是来自长沙市不同行业的管理者。讲座开始之前，我注意到教室门外有一位年轻的小伙子，他在不停地给大家发名片，并且不停地进行自我介绍。讲座开始之前，他跑到讲台前给我递了一张名片，并要了我的电话号码。讲座结束后，我刚刚离开教室就收到了他发来的短信，无外乎是讲了一些非常客套的话，希望今后继续同我保持联系，我当时并没有太在意这件事。

两个月后，我在深圳出差，突然接到他的一个电话："我是某某某，是您的学生，我曾经在某某酒店听过您的课并且给您递过名片、发过短信，您还记得我吗？"我说："我记得呀"。"老师，学生今天有事求您帮忙了"。他说的那件事刚好在我的能力范围内，我非常愉快地给他帮了忙。

回到长沙之后，这个小伙子邀请我去他公司指导。我进一步了解到，小伙子在找我之前，曾经找过好几个人，都没有办法去帮他解决那件事。这个小伙子当年只有26岁，在长沙市最热闹的步行街黄兴路上开了两家体育用品专卖店，在他的家乡还开了一家服装加工企业，当时有300员工的规模。应该说，相对于他这个年龄段的人来说，他的事业相当成功。

他的事业为什么可以做得如此成功？我觉得其中很重要的一点就是：他特别擅长整合资源。我相信他第一次见到我的时候，就将我看作一种资源：今天我也许用不上你，但未来某一天你可能会成为我的一种重要资源。可见，一个优秀的管理者必须是一个优秀的资源整合者。常言说，即便跑得再快的人，也跑不过骑马的人。管理者必须学会借力，这是管理者与操作者的重要区别之处。

回到本节开始的"困惑与思考"：为什么刘邦能从平民跃升为一代开国皇帝呢？刘邦登位那一年的6月份，他在洛阳南宫召开的庆功宴席上，总结了自己取胜的原因：论运筹帷幄之中，决胜于千里之外，我不如张良；论抚慰百姓、供应粮草，我不如萧何；论领兵百万，决战沙场，百战百胜，我不如韩信。可是，我能做到知人善用，发挥他们的才干。刘邦能够当上皇帝，正如他自己所说，他善于调动身边的资源，利用众人的力量，为自己的霸业开道。因此说，管理之道在于借力。

我们再来看看东汉末年的诸葛亮，诸葛亮作为蜀国高层，凡事都要事必躬亲：七出祁山亲自带兵，亲自出谋划策，亲自攻城。诸葛亮这种鞠躬尽瘁死而后已的实干精神确实让人佩服。但是，如果站在管理者的角度来看，诸葛亮的一些做法并不值得提倡，是需要反思的。个人能力出众的诸葛亮事必躬亲，往往一个锦囊妙计让部下事前不明所以，事后佩服诸葛亮神机妙算，但是长此以往，他的部下就不喜欢主动思考了。从历史来看，正是由于诸葛亮的这些事必躬亲的做法，在一定程度上导致蜀国中高层干部出现"断层"，这是导致占尽地利的蜀国最先灭亡的原因之一。

管理的核心要义之二：管理是一门艺术

管理是一门科学，这是不容置疑的。管理作为一门科学，注重自然规律、客观数据、规范、规则。学好管理学，就能减少因违背管理的基本科学规律而造成的低效率和失误。正如著名管理学者哈罗德·孔茨（Harold Koontz）所说："医生不掌握科学，几乎跟巫医一样。管理人员如果不掌握管理科学，就只能是碰运气，凭直觉，或用老经验。"

在实际工作中，不同的管理者应用相同的管理学原理，却不一定都能达到相同的管理效果。有时候，大家应用的是同一套管理体系，但是张三的管理效果很理想，李四的管理效果却一团糟。原因在哪里？其原因可能是多方面，但其中一个重要的原因就在于：管理既是一门科学，也是一门艺术，需要我们在应用过程中讲究技巧与方法。

曾经有这样一家民营企业，公司经营效益一直不错，每年春节放假之前，老板都会给每个员工发一个3000元的红包。这一年，由于受多方面因素的影响，公司的经营状况非常不景气。春节放假之前，老板将公司的家底盘算了一下，发现最多只能给每个员工发300元的红包。大家想想：如果老板简单地将每人300元的红包发下去，能够达到好的激励效果吗？这个老板没有简单处理这件事。他先是传播了一个小道消息："同行业很多公司都在裁员了，我们公司下一步也计划要裁员了"。消息传出之后，公司员工个个人心惶惶，特别紧张。过了几天，老板突然宣布召开全体员工大会。一听说要开会，员工们当然更紧张了。

老板把大家召集起来，同大家一起认真地分析了公司的经营状况。老板说："大家都看到，公司这一年的经营状况很差，同行业很多公司都在裁员，我们公司也曾经想通过裁员方式使公司渡过难关。但是公司高层经过认真研究，最终做出决定，我们公司一个员工也不裁减，大家一起同舟共济，共渡难关。"老板话音刚落，员工一片欢呼："太好了！不裁员了！"每个员工心里的石头都落了地。

老板话锋一转，对大家说："但是呢，往年我们要给每个员工发一个红包，今年无论如何也发不出这个红包了。"话音刚落，马上有员工回应："没关系啦，只要公司不裁员，红包无所谓了！"

又过了几天，该春节放假了，按惯例是开总结大会并给员工发红包的时候了。这个时候谁也不对红包抱有任何希望。老板把大家召集来，对明年的工作进行了安排。宣布散会时，老板轻描淡写丢下一句话："请每个员工去领300元钱的红包。"员工又是一片欢呼："太好了！又有奖金发了！"

请大家思考一下，简单地将300元钱红包发下去，同经过这一过程后再将300元钱红包发下去相比，哪一种红包发放方式的效果更好呢？显然，后一种方法更理想。从这个小案例中我们可以看到，管理不仅仅是一门科学，同时也是一门艺术和技巧。

------------------->

思考与研讨

为什么说"管理之道在于借力"？请结合你个人工作或生活中的实例，参与我们的讨论。

【释疑解惑】

管理之道就在于借助不同职能领域的人或者资源，达到一个共同的目标。个人的能力再强大，产生的影响也非常有限；公司的经营目标的实现，需要靠不同的职能部门的人共同努力。如何将一个团队的协同工作做到效益最大化，管理工作非常重要。高层管理者的战略目标，依赖中层管理者的任务分解和基层管理者的执行，这是公司内或者同部门内的层层借力。一种新产品的开发，新产品的及时交付，项目管理者依赖各部门分工协作达成共同的目标，这是跨部门、跨体系的借力。

管理者不一定是一个实干家，但是管理者应该是一个运筹帷幄的资源整合专家，作为一名基层员工，领导者实干贴近基层固然是好事，但是一个掌握资源，能够快速提供解决方案和前进动力的领导者，则更适合成为企业或者部门的掌舵人。

（更多分析观点，请关注本课程"学习平台"的互动讨论区）

<------------------

1.2 组织行为：解码工作行为的学问

-------------------------->

困惑与思考

亨利·福特（Henry Ford）于 1913 年提出的流水线生产，是泰勒科学管理原理在实际管理工作中的一种具体应用，直到今天仍然被认为是一种极其有效的生产组织方式。然而，流水线生产等管理方式在实际应用中也饱受争议。美国电影艺术家卓别林主演的电影《摩登时代》，主人公叫查理，是一家工厂流水线上的钳工，每天的工作就是拧紧螺母，单调而又疯狂的机械劳动使其精神失常，看见人的鼻子、纽扣等圆形的东西，他就忍不住要用扳手拧紧。

资料来源：亨利·福特. 亨利·福特自传［M］. 崔权醴，程永顺，译. 北京：中国书籍出版社，2021.

▶▶**思考题：**查理为什么会精神失常？泰勒的科学管理原理难道有问题？

<--------------------------

管理科学的开山鼻祖泰勒（Taylor）将科学化、标准化引入管理工作中，极大地提高了劳动生产率，一度被认为是管理中的"灵丹妙药"。然而，这个"灵丹妙药"在实际应用中经常遭遇"失效"的尴尬局面。例如，19 世纪 20 年代，美国芝加哥郊外的西方电器公司下属的一家制造电话交换机的霍桑工厂，当时严格按照泰勒科学管理原理进行工厂管理。泰勒的科学管理原理认为：人是"经济人"，工作条件和福利待遇等物质性因素是影响劳动积极性的因素。但是，让

霍桑工厂管理层百思不得其解的是，尽管霍桑工厂当时有着非常好的工作条件和福利待遇，工人的工作效率却非常低。

为了找到影响工人工作效率的原因，在美国国家科学委员会赞助下，霍桑工厂首先邀请了一批专家进行了咨询，但是并没有找到影响工人劳动生产效率的真正原因。后来，霍桑工厂邀请哈佛大学教授乔治·埃尔顿·梅奥（George Elton Mayo，1880~1949）来指导。梅奥及其研究团队在霍桑工厂先后开展了四个阶段的试验，被称为"霍桑试验"（Hawthorne Studies）。霍桑试验的相关结果对以泰勒为代表的传统管理理论关于"经济人"的人性假设提出了质疑。例如，传统管理理论认为工作条件是影响生产效率的一个重要因素，然而梅奥的霍桑试验却发现工作条件并不是影响霍桑工厂劳动生产效率的主要因素。梅奥当时挑选了两组绕线工人，一组是实验组，另一组是参照组。实验组的照明强度从 24 根蜡烛一直增加到 76 根，而参照组的照明度始终不变。实验结果却发现，照明强度（工作条件）对生产率的影响微乎其微。再比如，传统管理理论认为福利制度也是影响生产效率的一个重要因素，但是梅奥的霍桑试验结果却发现，福利制度也不是影响霍桑工厂劳动生产效率的主要因素。梅奥根据霍桑试验的结果总结提出了重要观点：工人的工作效率不仅受工作条件、福利待遇等物质性因素影响，同时也受员工内在心理因素的影响。霍桑实验所取得的一系列成果，经梅奥归纳整理，于 1933 年出版了《工业文明中人的问题》一书，在这本书中提出了著名的人群关系学说理论。

霍桑实验及人群关系学说的重大贡献主要有两个方面：一是霍桑实验认为人是"社会人"，它不同意泰勒把人只看成"会说话的机器"或人的活动只是受金钱驱使的观点。二是霍桑实验发现并证实了"非正式组织"的存在，这种"非正式组织"有其特殊的行为规范、感情倾向，控制着每个成员的行为，甚至影响整个正式组织的活动。人群关系学说的着眼点是内在心理因素、人群关系等因素对员工个人行为和工作效率的影响，为管理学开辟了一个新领域。

------------------→

知识链接

◎乔治·埃尔顿·梅奥（George Elton Mayo，1880～1949）：行为科学的奠基人，出生在澳大利亚，1922年移居美国并在宾夕法尼亚大学沃顿管理学院任教，1926年进入哈佛大学工作。由梅奥主持进行的霍桑实验，在管理学发展史上具有重要意义。

◎霍桑实验（Hawthorne Studies，1924～1932）：历经近8年时间，共进行过两轮：第一轮为1924～1927年，在美国国家科学委员会赞助下进行；第二轮为1927～1932年，由乔治·埃尔顿·梅奥主持进行。霍桑实验的研究结果否定了泰勒等传统管理理论对人性的假设，认为人是社会人，影响生产效率的最重要因素不是物质待遇和工作条件，而是工作中的人际关系。

资料来源：MBA智库百科（https：//wiki. mbalib. com/wiki/乔治·埃尔顿·梅奥）

←------------------

1949年，在美国芝加哥大学召开的一次学术会议上，参加会议的学者在人群关系学说的基础上，针对人的行为规律问题开展了讨论，正式提出了"行为科学"的概念。到20世纪60年代中叶，行为科学在不断发展过程中形成了一个新的重要研究方向：组织行为的研究，重点研究企业组织内人和群体的行为，"组织行为学"（organization behavior）的研究因此形成了自己的体系并日趋完善。

　　"组织行为学"的研究对象，聚焦于人们作为组织成员（包括普通员工和管理人员）在工作过程中所表现出的相关行为，即人们的"工作行为"开展研究，组织成员下班后的业余活动，如娱乐、交友、恋爱、健身、购物等不是组织行为。组织行为学通过对人们"工作行为"的分析，提高各级管理人员对所属员工的心理和行为的预测、引导和控制的能力，及时地协调个人、群体、组织之间的相互关系，从而在最大限度地激发人的工作热情、发挥人的工作潜能的基础上，更有效地实现组织的目标。因此，组织行为学也可以通俗地称为"工作行为学"，这是一门解码工作行为的学问，是一门应用性和实用性极强的课程。

　　组织行为学如何解码工作行为？打个比方，我们研究一个生物体，无非是弄清楚三件事：单个细胞的成长和新陈代谢有什么规律；怎样处理细胞与细胞之间的关系，让它们好好合作；如何组成一个更好的整体，与外部环境互动。同样地，组织行为学就是要研究个体规律、个体之间的关系，以及大结构对组织的影响。组织行为学分别从微观、中观和宏观三个层次对组织行为开展研究，解码这些行为的规律、特征及形成的原因。

　　在微观层次，组织行为针对员工的个体行为开展研究。个体是构成组织的细胞，在这个层次上，组织行为学主要研究管理者如何在掌握个体心理特点的基础上有针对性地调动个体的工作积极性，矫正个体的不良行为。研究内容包括知觉、个性、价值观、态度等，它是组织行为学研究的基础和出发点。

　　在中观层次，组织行为针对群体行为开展研究。群体作为组织的器官，是连接个体和组织的桥梁，发挥着承上启下的作用。群体是由个体构成的，但它不是个体的简单相加，它有着区别于个体的特点。

所以，组织行为学在研究个体的同时，还必须研究群体的形成、结构、动力、特征、规模、内聚力、群体建设、群体决策等问题。

在宏观层次，组织行为学关注组织作为一个整体所表现出来的行为。所有的组织都是由群体构成的，而群体是由个体构成的，组织结构、组织变革以及组织文化等对个体和群体的心理和行为都有影响。因此，在研究个体和群体的基础上，还必须对整个组织系统进行总体的研究，如组织结构、组织文化、组织变革与发展等。

回到本节开始的"困惑与思考"：查理为什么会精神失常？泰勒的科学管理原理难道有问题？

从组织行为学的角度来看，这个问题很好问答。流水线生产是泰勒的科学管理原理的一种具体应用，然而，泰勒的科学管理原理是存在一些缺陷的，主要表现在：把人看成是单纯追求金钱的"经济人"，只重视技术因素，而不重视人的社会因素等，过分强调员工作效率与动作的研究。现代组织行为学的相关原理与理论告诉我们，人是"社会人"，在管理工作中要充分考虑到员工在"经济"需求之外的"社会"需求，要注重提高员工工作的丰富化程度，满足员工作为"社会人"的心理层面需要。在本案例中，查理长期从事单调而又疯狂的重复性劳动，心理层面需要没有得到满足，最终出现精神失常。

查理故事描述的100年前流水线生产开始应用时就暴露出来的问题，在今天的现实生活与工作中，类似查理精神失常的事例还时有发生。例如，从2010年开始，某知名代工企业相继发生了近20起员工非正常死亡事件，引起社会各界的关注。在这家知名代工企业的一些工厂中，工厂实施准军事化管理，员工的生活成为固定模式，每天就是工作、吃饭、睡觉，这样的管理方式，员工心理层面需要没有得到满足，这是对"社会人"的一种漠视，从而引发了一系列悲剧。

由此我们可以看到，掌握好组织行为学的相关原理与方法，对于现代管理人员提高管理能力十分必要。组织行为学已成为工商管理人才训练中的一门必修课程，包括哈佛大学、斯坦福大学在内的全球顶尖大学商学院都无一例外地将这门课程列入教学计划。无论你在组织里身居何职，组织行为学都可以帮助你更好地掌握员工的行为规律、团队的行为规律、组织的运行规律。也就是说，能够帮助我们更好地识人、读人、用人。好的管理应该是视人为人，而不是视人如物。视人如物实际上是将人看作工具；视人为人则是将人看作管理的对象，重视人的内在心理需要和精神追求。

------------------------->

思考与研讨

某户人家养了一只小狗，有一天，小狗忽然走失了，这户人家马上报了警，希望能找回小狗。几天后，小狗被爱心人士找到了，并且被送到了警察局，警察立刻通知了这家人。在等待主人至警局领回小狗的过程中，警察发现这只小狗不但没有欢喜的神情，反而悲伤地流泪。

警察相当好奇，问小狗："你走丢了，现在好不容易可以回家，你应该高高兴兴的，怎么还在流泪呢？"

小狗回答："警察先生啊，你有所不知，我是主动离家出走的！"

警察吃惊问道："为什么要离家呢？你家主人虐待你吗？"

小狗悲伤地说："事情是这样的……我在主人家已经好多年了，从一开始就负责家人的安全，平时看门，偶尔四处走走，看看有没有陌生人闯入，一直很尽忠职守地执行我的工作。主人对我的工作很满意，平时见到我会摸摸我、拍拍我，每逢假日便带我出去散散步。那种保卫一家人的成就感，那种受重视、疼爱的感觉，让我更加提醒自己，好好照顾这一家人。直到有一天……，家里请来了几个工人，在门口安装了防盗器，从此我失业了，看门不再是我的职责，家人也不需要我保护了。我整天无所事事，对家庭一点用都没有。虽然主人还是一样地饲养我，但是实在受不了这种受冷落的感觉，所以才会离家出走，宁愿过着流浪的日子，心里头也来得舒服。"

【学以致用】

这个寓言故事可以给我们带来怎样的思考？请结合你个人工作或生活中的实例，参与我们的讨论。

【释疑解惑】

案例中，小狗渴望的不是简单的有吃有喝有住，它也希望得到对自身价值的认可。当主人家里安装了看家设备防盗器后，小狗的"看家"功能和价值便没有了，这让小狗失去了自身价值，没有了成就感，于是生活便没有了乐趣。

人更加如此，人不仅是"经济人"，还是"社会人"；不是只满足于工作条件和福利的改善，还需要心理上得到满足，比如在工作和生活中有被需要的感觉，有成就感。在现实生活中，企业中的员工是复杂的"社会人"，需要与其他人进行交流互动，需要激励，更需要老板的支持和肯定。受老板肯定，能与其他同事打成一片的员工，往往更容易在工作上取得成就，也更容易在企业长久地工作下去，从而实现人生的目标。

（更多分析观点，请关注本课程"学习平台"的互动讨论区）

第 2 章

个 体 行 为

2.1 千人千面：员工画像的三个维度

2.1.1 从哪些方面给员工画像？——气质、能力、性格

- - - - - - - - - - - - - - - ▶

困惑与思考

某公司从高校应届毕业生中招聘了三位"专业对口"的新员工：小李、小彭和小欧。人力资源部门根据他们的学历、专业，相应安排到了研发部、营销部和采购部工作。半年后，发现三个部门对这些新员工的工作都不满意。研发部主管说，小李虽然专业能力强，但性格内向，比较自负，很难融入研发团队；营销部主管说，小彭虽然是营销专业毕业，但是凡事求稳，开拓进取精神略显不足，错失了不少客户和机会；采购部主管说，小欧虽然专业对口，但是活泼有余，缺乏细致认真，对一些重要采购部件的参数掌握不清晰。

▶▶**思考题**：人力资源部门按照"专业对口"原则招聘新员工，有哪些值得总结的地方？

◀-------------------

人们常说"千人千面，百人百性"，我们面对的管理对象是极其复杂的。要想有效地管理员工，就必须了解员工的个体差异并实施差异化的管理。

组织行为学认为，可以从气质、能力和个性三个维度对员工进行画像，比较个体之间的差异。

个体差异，组织行为学称之为"个性"。"个性"最初来源于拉丁语 Personal，是指戏剧演员在舞台上所戴的面具，它代表剧中"千人千面、百人百性"的人物。在组织行为学中，"个性"被定义为：个体具有一定倾向性的心理特征的总和。

组织行为学认为，个性包括气质、能力和性格三个维度，分别影响人们行为的特点、行为的质量和行为的方向。

（1）气质。"气质"是一个人在不同活动中经常性表现出来的相同或相似的心理活动的动力特征，与我们日常所说的"脾气""秉性"等意思相近。气质影响人们行为与活动的方式特点。例如，有的人脾气急躁，在各种场合下通常会表现出难于控制自己的情绪；而有的人安静沉稳，在各种场合下通常会表现出心平气和。

气质本身并无好坏之分，但不同类型的气质，通常适应于不同类型的工作。比如，有的员工活泼好动，喜欢与人交往，比较适宜从事商业推广、营销或组织协调类的工作；但是他们的兴趣和情感比较容易变换，不适宜从事单调或程序性的工作。有的员工安静不好动，习惯于忍让和克制，比较适合承担一些督察或质检等类型的工作；但由于这类员工具有不够灵活、注意力很难转移的特点，不适宜从事营销、商业推广方面的工作。

（2）能力。能力是一个人完成某种活动的潜在可能性，它表现在人们掌握知识和技能的快慢以及应用知识解决实际问题的情况等方面，能力影响人们行为或活动的质量和效果。

（3）性格。性格是指一个人经常性表现出来的态度以及相应的行为方式。性格存在积极与消极之分，具备积极果敢、富有激情性格的人，不仅有助于工作达成，通常也可以激励鼓舞身边的人。反之，消极性格的人容易在工作中产生负面甚至对抗情绪，通常会影响到工作目标的实现。因此，性格影响人们行为或活动的方向。

从气质、能力和性格这三个维度，可以帮助我们对"千人千面，百人百性"的员工进行精准"画像"，对提高员工与工作的匹配度是十分有帮助的。

在给一些企业进行管理培训中，我经常会提到"西游记"这个团队。"西游记团队"是中国古代最优秀的项目团队之一，西天取经如此复杂的一项任务，这个团队能够很好地完成，足以见得这个团队非常优秀。唐僧师徒四人的性格、能力和气质是完全不一样的：唐僧看似迂腐软弱，但目标坚定；孙悟空有真本事、敢打敢拼，但急躁并且经常惹事；八戒好吃懒做、本事不大，但在团队中充当"开心果"的作用；沙和尚沉默寡言，没有突出的能力，但愿意干些挑担子牵马的粗活，并且从无怨言。为什么这个团队能够成为优秀团队？因为团队中的每个人做的都是最符合自己能力、气质和性格类型的工作。试问，如果把他们几个人的位置换一换，让沙和尚去干孙悟空的事情，让孙悟空去干猪八戒的事情，那么这个团队还是一个优秀的团队吗？

- - - - - - - - - - - - - - - ▶

知识链接

◎《西游记》是中国古代第一部浪漫主义章回体长篇神魔小说，作者吴承恩。全书主要描写了孙悟空出世及大闹天宫后，遇见了唐僧、猪八戒、沙僧和白龙马，西行取经，一路上历经艰险、降妖伏魔，经历了九九八十一难，终于到达西天见到如来佛祖，最终五圣成真的故事。

资料来源：吴承恩.《西游记》[M]. 北京：人民文学出版社，2004.

◀ - - - - - - - - - - - - - - -

某公司成立了一个新产品市场拓展团队，由王兵负责，并给他配备了4名员工。

在这4名员工中，张新刚刚入职，是典型的"零"职场经验新人，充满工作热情，精力旺盛，虽有较强的学习能力但是无法独当一面，并且情绪急躁，对非程序性的工作往往有畏难情绪；李艳入职三年，有较强的工作能力和目标感，工作中比较严肃和认真，但是不够灵活，甚至有些固执；袁成是部门的"明星"，工作业绩优秀，有很强的自我驱动力，渴望得到更大的发展空间，但是性格直率，脾气比较急躁，容易冲动；邓平是部门的"前辈"，性格老成，工作任劳任怨，但缺少创新能力和挑战更高绩效的意愿。面对公司安排的这4名员工，王兵十分着急，认为这4名员工都难以胜任新产品市场拓展部门的工作。

王兵的上司给他提出了这样的建议：将新产品市场开拓的工作任务安排给"明星"员工袁成，他有很强的自我驱动力，渴望得到更大的发展空间；安排"新人"张新辅助袁成的工作，他工作热情，学习能力强；安排李艳对接公司内部的生产部门，她严肃认真，目标感强，喜欢有规则的工作；安排邓平对接公司内部的研发部门，他老成持重，了解客户需求，注重细节，在公司受人尊重。

一段时间后，王兵告诉他的上司，部门的工作进展很顺利，这 4 个人的工作配合得不错。

这个案例告诉我们，谋求员工个性与工作的匹配是十分重要的。只有这样，才能有效地发挥每个员工的长处，才有可能使每个员工都成为"优秀"的员工。

个性形成和发展的影响因素有哪些呢？大量研究表明，个性有着与生俱来的一些成分，受到遗传因素影响。比如，父母和孩子之间，通常在性格、行为习惯等方面存在相像的地方，这就是所谓的"江山易改，禀性难移"。

但是，一个人的个性，在后天的生活环境和教育的影响下，会产生一些改变。"近朱者赤，近墨者黑"。在一个人的成长环境中，其他人的行为方式、思想观念、生活习惯等对自身的影响是巨大的，有时会伴随人的一生。通常一个特定的事件对一个人的性格也是有影响的，例如，一个活泼好动的人，在经历某个特定事件后，可能会变得沉默寡言。

回到本节开始的"困惑与思考"：人力资源部门有哪些值得总结的地方？

人力资源部门简单地根据"专业对口"原则选聘新员工是有失偏颇的。专业对口只是选聘新员工需要考察的一个方面。在选聘新员工时，还应该考核员工个性与工作岗位的匹配程度。案例中的这些新员工虽然"专业对口"，但只能表明他们个性的一个方面——能力，与工作岗位具有较好的匹配度，他们个性的其他方面——气质、性格，与工作岗位的匹配度并不高，因此，难以成为所在岗位的"优秀"员工。人力资源部门应该借助专业的个性测量工具，对员工精准画像，这样才能提高工作匹配度，从而提高工作绩效。

-------------------->

思考与研讨

星辰资本投资公司刚刚组建了"新业态"投资事业部。"新业态"事业部负责人王经理和公司人力资源部李经理在关于新员工招聘甄选的标准方面出现了意见分歧。

人力资源部李经理认为，"新业态"投资的专业性很强，应该优先选择具有金融或资产管理等实际专业背景的员工，同时，"新业态"投资的风险性很高，遇事沉着冷静、细心谨慎、深思熟虑等气质特征的员工更适合这项工作。另外，"新业态"投资事业部需要经常与项目评估部、融资部和风险控制部等部门联系，要求员工具备善于言谈、好交际、合群性高等特点。

"新业态"事业部王经理认为，"新业态"项目往往是跨价值链或者跨产业链环节所形成的新型商业项目，专业背景过于狭窄反而不利于投资判断，应优先考虑学历层次高、知识水平高的员工，这些员工的逻辑分析、研究判断能力更加突出。另外，细心谨慎、敏感气质的员工更善于见微知著、识别新业态和新机会。

▶▶思考题：你更赞同谁的观点？请结合你个人工作或生活中的实例，参与我们的讨论。

【释疑解惑】

人力资源部李经理和事业部王经理的观点尽管有差异，但是也有共同的地方。从气质方面，新业态投资需要细心谨慎、对商机敏感的员工，以便及时识别新业态和新机会；从能力方面，新业态投资既需要逻辑分析和研究判断能力强的员工，也需要对内善于言谈、好交际的员工，以便将识别到的机会迅速推动落地。综上所述，两位经理的需求并不冲突，可以考虑综合两位的意见来招聘员工。

案例中的情况在企业内部时有发生，如果无法达成一致，对于岗位招聘来说，伤害性就会很大。从实际操作角度分析，用人部门应与人力资源部门积极沟通，充分表达双方意见，尽量达成一致。如果暂时无法达成一致意见，则建议以用人部门意见为准。人力资源部门主要评价候选人的岗位匹配性，用人部门主要评估候选人的胜任度。换句话说，人力资源部门的主要工作任务是评估面试者的综合能力，将用人部门需要的人员招聘到位；用人部门的主要任务是确定用人标准，评估候选人的胜任能力，决定最终人选是否录用。综合这两方面的评估意见来作为候选人的最终评价，人力资源部门在提出自己参考性意见及用人的风险的同时，需要以用人部门的用人意见为主，以此确定最终人选。

（更多分析观点，请关注本课程"学习平台"的互动讨论区）

◄- - - - - - - - - - - - - - - - -

2.1.2 有哪些工具为员工画像？——个性测量的工具与方法

- - - - - - - - - - - - - - - - - ►

困惑与思考

曾聪在公司多个部门工作过，是公司的"老资历"，对相关岗位的要求非常熟悉，最近刚刚被任命为人力资源部经理。上任后不久，公司便需要招聘一批新员工，曾聪高度重视，决定亲自负责这项工作。

曾聪精心设计了整个招聘流程，按照岗位说明书的要求，对所有应聘者进行了初步筛选。在面试环节，又亲自设计了一些面试题目，如"为什么认为自己值得雇用？""你认为自己主要的优缺点是什么？"曾聪认为，这些面试问题应该能够测试出应聘者的语言表达能力、逻辑思维能力等方面的个性特征。

半年后，曾聪听到不少部门抱怨，说公司招聘的这批新员工与工作岗位匹配度都不够理想。

▶▶**思考题**：曾聪非常困惑，他精心设计了整个招聘流程，为什么所招聘的员工却与工作岗位匹配度不高呢？你认为，曾聪有哪些值得总结的地方？

◀ - - - - - - - - - - - - - - - - - -

上一节提到"千人千面，百人百性"，我们面对的管理对象是极其复杂的。在实际管理工作中，只有谋求员工个性与工作的匹配，才能有效地发挥每个员工的长处，才有可能使每个员工都成为"优秀"员工。

要了解员工的个体差异，仅凭个人的经验判断，是很难保证客观性和准确性的。因此，我们需要借助一些专业化的工具。接下来，我们具体讲授个性三个维度的分类，以及个性测量的工具与方法。

2.1.2.1　气质的分类

人们很早之前就注意到了气质的差异。"医学之父"希波克拉底（Ἱπποκράτης），最早把人的气质分为四种类型：胆汁质、多血质、粘液质、抑郁质。这四种气质类型分别从人们心理活动的强弱、快慢程度进行划分。今天，人们仍然普遍接受这种分类方法（如图 2 - 1 所示）。

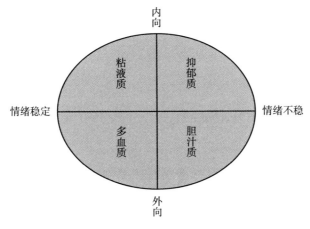

图 2 - 1 气质的四种类型

（1）粘液质：其特征是反应速度慢、情绪兴奋性较低、内倾明显、安静沉稳、自制力和稳定性强。总体而言，属于内向、情绪相对稳定。

（2）多血质：其特征是反应敏捷、情绪兴奋性高、外倾明显、善于交际、注意力和情绪容易转移。总体而言，属于外向、情绪相对稳定。

（3）胆汁质：其特征是反应速度快、情绪兴奋性高、精力旺盛、控制能力差、容易激动。总体而言，属于外向、情绪相对不稳定。

（4）抑郁质：其特征是反应速度慢、情绪兴奋性低、体验深刻、好静、内倾、多愁善感。总体而言，属于内向、情绪相对不稳定。

我们判断一个人的气质类型，是以一个人经常性的、比较稳定的表现出来的气质作为依据。

气质本身没有好坏之分，但对于具体职业而言，存在与职业匹配的气质类型。比如说，多血质和抑郁质的人比较适合从事一些要求迅速灵活反应的工作，粘液质和抑郁质的人较为适合从事一些要求持久、细致的工作。

--------------------------------→

知识链接

◎希波克拉底（Ἱπποκράτης，公元前 460 年～公元前 370 年）：古希腊伯里克利时代的医师，被西方尊为"医学之父"，西方医学奠基人。提出"体液学说"（气质类型的名称及划分），一直沿用至今。其医学观点对西方医学的发展有巨大影响，代表作《希波克拉底誓言》《论风、水和地方》。

资料来源：希波克拉底. 希波克拉底誓言［M］. 北京：世界图书出版公司，2004.

←--------------------------------

2.1.2.2　能力的分类

人们的能力，不仅存在类型的差别，在能力大小方面也是有差别的。知人善任、避人所短，这是管理者用人的基本原则。能力可以分为一般能力（智力）和特殊能力。

（1）一般能力，通常被称为智力，指人们认识、理解客观事物并运用知识、经验等解决问题的能力，这是人们在完成每项任务时都可能需要用到的能力，包括记忆、观察、想象、思考、判断等方面的能力。通常而言，一般能力强的人，完成各项工作的能力都相对高一些。

（2）特殊能力，是指完成某些特定职业或活动所需要的能力。例如：音乐家需要具有乐感、把握旋律曲调的特殊能力；研发人员需要擅长分析和推理，对抽象问题具有较好的逻辑思维能力、创造力和想象力。

2.1.2.3 性格的分类

性格的分类方法有很多，有学者将性格划分为理智型、情绪型、意志型三种。也有学者将性格分为外向型和内向型。从组织行为学角度来看，较多的学者将性格划分为"积极"和"消极"两类。积极的性格包括乐观、专注力、毅力、诚实、勇气、真诚、勤奋等；消极的性格包括易猜疑、多虑、恐惧、缺乏安全感、过分的自我保护和强烈的排斥心理等。

从管理工作的角度来看，我们应该针对"积极"和"消极"两类不同性格的员工，采用不同的管理方法。例如：时间紧的工作任务应该优先安排给"积极"型员工，他们往往雷厉风行，工作节奏快，一接到任务就能尽快完成；而程序性的工作任务则可以考虑分配给"消极"型员工，他们一般比较散漫拖沓，倾向按照工作清单有条不紊地开展工作。

组织行为学经过长时间的发展，开发出了一些成熟的测量工具与方法，为我们掌握员工的个性特征、为员工精准"画像"提供了科学的工具。这些工具包括自陈法和投射法两类。

1. 自陈法

自陈法是个性测验中应用最广泛的一种形式。它由受试者回答量表中相关问题，根据一个人回答量表中问题的得分情况来判定他的个性特征。最常用的有明尼苏达多项人格量表和卡特尔 16 因素测验量表。

（1）明尼苏达多项人格量表（Minnesota Multiphasic Personality Inventory，MMPI）是由哈撒韦（S. R. Hathaway）和麦金利（J. C. Mckinley）编制的，共有 550 个题目，分成 14 个量表，其中包括 10 个临床量表和 4 个效度量表，能勾勒出一个人广泛的性格特征。

（2）卡特尔 16 因素测验量表（Cattell Sixteen Personality Factor Questionnaire，16PF）是由雷蒙德·伯纳德·卡特尔（Raymond Bernard Cattell）编制的，共有 187 题，每题都分为三种回答（是的；不一定；不是的），根据回答情况计算出每种人格特征的分数，转换成标准分后，就可以对其人性特质做出解释。

2. 投射测验法

投射测验法是提供一些没有确定含义的图片等刺激物，让被试在描述这些刺激物的过程中，不知不觉地把自己内在的思想情感流露出来，也就是投射出来，以判断其人格特征。

（1）主题统觉测验（thematic apperception test，TAT）。该测验是由默里（H. A. Murray）和摩根（C. D. Morgan）共同编制的，共有 30 张主题不明确的黑白图片，另外有一张空白卡片。测试时，随机抽选 19 张黑白图片，要求被试根据每张图片讲一个故事，还要求被试在空白卡片上想象出一幅图画，然后根据这幅图讲述一个相应的故事。通过对被编造故事的分析，判断被试的人格特征。

（2）罗夏墨迹测验（Rorschach Inkblot Test）。该测验是由赫尔曼·罗夏（Hermann Rorschach）编制的，共有 10 张左右对称但模棱两可的墨迹图片，其中 5 张为黑白图片（1，4，5，6，7），墨迹深浅不一，两张（2，3）以黑白为主图片，加了红色斑点，3 张（8，9，10）为彩色图片。依次向被试展示这些图片，并询问他们："这看上去像什么？""这使你想起了什么？"。根据被试描述的部位（整体反应还是部分反应）、描述的反应因素（以形状还是颜色为主）、描述的内容（提及的是什么东西）、描述的独特性（回答是否与众不同）四个维度对被试的个性特征展开分析。

回到本节开始的"困惑与思考"：曾聪有哪些值得总结的地方？

人力资源招聘是一项专业性极强的工作，只有借助专业化的个性测量工具，才能对员工精准"画像"，从而提高工作匹配度。曾聪在招聘过程中所设计的一些流程和面试访谈题目主要基于"个人经验"，并没有借助专业化的评价工具。面试访谈设计的题目在一定程度上能够对应聘者的语言表达能力、逻辑思维能力和个性特征进行考察，但是主观判断的成分较大，专业性和科学性有所欠缺。一些有面试经验的应聘者，通常会对一些常规性的面试题目提前准备"答案"，所回答内容并不能真实反映应聘者的实际情况。

- - - - - - - - - - - - - - - - - - ➔

思考与研讨

苏联心理学家瓦西里·瓦西里耶维奇·达威多夫（Vasily Vasily-evich Davydov）做过一项实验，并留下一道考题：在这个实验中，选定了四种不同性格的人去戏院看戏，并且让他们都遭遇这样的情景：迟到了 15 分钟，无法进入戏院。

工作人员拦下他们说："先生，对不起，您已经迟到 15 分钟，为了不影响他人，您不能进入。"结果大家有了四种不同的反应：

第一种人和工作人员吵了起来。工作人员更坚决地阻止他进入，他自然没有看到戏。

第二种人没有和工作人员争执，趁着工作人员没注意时，偷偷进入了戏院。

第三种人自我安慰，找了个零食店，坐下来等幕间休息重新进入，也看成了戏。

第四种人不停地埋怨自己，回到家，把恼怒情绪传染给家人，闹得一家人都不高兴。

▶▶**思考题**：他们分别属于什么气质类型？你更接近于他们中哪个人的气质？你的气质类型与你从事的工作（或所学专业）匹配度如何？

【释疑解惑】

第一种人：易激动且控制力差，属于胆汁质；第二种人：反应敏捷，注意力易转移，属于多血质；第三种人：沉着冷静，善于分析，属于黏液质；第四种人：情绪不稳定，属于抑郁质。

（更多分析观点，请关注本课程"学习平台"的互动讨论区）

◀- - - - - - - - - - - - - - - - -

2.2 攻"行"之策：外在激励的三个抓手

2.2.1 关注行为源头——内容激励

- - - - - - - - - - - - - - - - - - ▶

困惑与思考

有这样两家公司，老板发现多数员工每天都在混日子，一点工作积极性都没有。

A公司的老板给员工加了薪。可是员工高兴了一阵子，又回到了老样子。

B公司的老板专门组织了一次技能比赛。为了表示鼓励，公司给获奖者订制并颁发了奖章。很多员工领回后随手一扔并感慨道：这种奖励没有一点意思！

▶▶**思考题**：A公司实施的是物质激励，B公司实施的是精神激励，但都没有取得好的效果，这是为什么？

◄------------------

经济学家杰克·弗朗西斯（Jack C. Francis）曾经说过：你可以雇一个人到固定的工作岗位，你可以买到按时或按日计算的技术操作，但你很难买到员工的热情、创造性，也很难买到员工全身心的投入。

从杰克·弗朗西斯的这句话中，可以看到，要有效调动员工工作的积极性与创造性，不仅应注重对员工的外在激励，还要重视对员工的内在激励，也就是要将攻"行"之策与"攻心"之计有机结合。

心理学研究表明，人们行为产生的源头存在着一些未满足的需要。要激励和影响一个人的行为，最关键的是了解人们需要的内容是什么。

内容激励理论便是侧重于分析人们需要的内容，分析人的需要与动机对行为的影响。

如果问一些人，在什么情况下更愿意努力工作，回答可能不尽相同。有的人认为较高的工资会促使其努力工作，有的人认为较低的裁员率会让他努力工作来回报企业，有的人认为较为融洽的工作氛围使其珍惜这份工作。我们发现，员工的需求不尽相同，即便是同一名员工，他的需求也会随着时间而发生改变，这究竟是为什么呢？亚伯拉罕·马斯洛（Abraham H. Maslow）的需要层次理论、克莱顿·奥尔德弗（Clayton Alderfer）的 ERG 理论、弗雷德里克·赫茨伯格（Frederick Herzberg）的双因素理论给了我们很好的答案。

美国心理学家马斯洛（Abraham H. Maslow）的需要层次理论认

为，人有五种需要：生理需要、安全需要、社交需要、尊重需要和自我实现需要。

生理需要是维持生存的需要，包括衣、食、住、行等方面的需要。这是最起码、最基本的需要。

安全需要包括人身安全、财产安全和职业稳定等方面的需要，这也是人的基本需要。

社交需要即感情与归属上的需要，包括爱、归属、接纳和友谊。

尊重需要即自尊和受人尊重的需要。

自我实现需要是指成长、发展与实现理想的需要。

人们在同一时期内可能几种需要共存，但是每个时期总有一个需要占据主导地位，即"主导需要"。当这种主导需要没有得到满足时，便引起人们内心的紧张不安，将会促使人们采取某种行为来满足需要、消除紧张，这是人们行为产生的主要驱动力。

一个人的"主导需要"在不同时期是会发生变化的，在他的低层次需要得到基本满足的情况下，他的主导需要会上升到更高的层次。例如，一个员工刚入职时，可能最期望较高的工资，生理需要是其"主导需要"；而随着其成长，可能更追求自身的发展，自我实现需要成为他的"主导需要"。管理者必须把握员工每一阶段的主导需要是什么，以便进行有针对性的激励。

美国学者克莱顿·奥尔德弗（Clayton Alderfer）在马斯洛理论基础上提出了 ERG 理论。他认为人的基本需要可以归纳为生存（existence）、相互关系（relatedness）和成长（growth）三种核心需要。

实际上，生存需要包括了马斯洛需要层次理论中的生理需要和安全需要；相互关系需要包括了马斯洛需要层次理论中的社交需要和自尊需要中的外在部分；成长需要包括了马斯洛需要层次理论中的自尊需要的内在部分以及自我实现的需要。

与马斯洛需要层次理论观点不同的是，ERG 理论并不认为必须在低层次的需要得到满足后，人们的主导需要才会进入更高层次的需要。例如，对于有事业心的员工，即使其生理与安全等较低层次需要没有得到充分满足，也可能会努力工作，以满足其自我实现的需要。

ERG 理论还认为，当较高层次的需要遭受挫折，得不到满足时，人们就会退而求其次，对较低层次需要的渴望就会强烈。例如，一个渴望自己能够实现更大发展的员工，如果他发现在单位很难获得进一步成长的空间，这种受挫心理就可能导致他追求更多的工资或更好的工作条件等低层次的需要。

美国心理学家弗雷德里克·赫茨伯格（Frederick Herzberg）提出了"激励—保健因素"理论，又称为"双因素理论"。

赫茨伯格试图弄清楚两个问题：第一，在工作中，哪些事项是让员工感到满意的，这种积极情绪会持续多久；第二，哪些事项是感到不满意的，这种消极情绪会持续多久。为此，他对 203 名员工进行了调查。

调查结果发现，工作中使员工感到满意的因素往往是：认可、赞赏、工作的魅力、责任感以及工作上取得的进步等。认可、赞赏的即时效应往往更明显，工作的魅力、工作责任感以及因工作取得的进步的持久程度更强。

调查还发现，即便缺少这些令员工感到满意的因素，也不会引起员工的"不满"。员工的"不满"往往是由工资、工作条件等因素引起的，这些因素的作用时间很短，很难成为员工满意的因素，即便这些因素已经很完善，也只能消除不快，很少能增加满意感。

根据这些调查结果，赫茨伯格将影响员工积极性的因素归纳为保健因素和激励因素两类。

保健因素属于"工作条件和工作环境"方面的外部性因素，包括公司管理措施、监督制度、人际关系、工作条件、薪金福利等员工认为公司理所当然应该满足的因素。如果这些因素没有得到满足，员工就会产生不满意的情绪，进而对工作绩效产生负面影响；即使这些因素得到满足，也只会让员工"没有不满意"，并不会进一步让员工产生"满足感"。

激励因素属于"工作性质和工作本身"方面的内在性因素，包括工作中的成就感、工作中的认可和赞赏。而工作的挑战性、个人成长空间和晋升机会等因素，员工并不认为是公司理所应当提供的。即使这些因素没有得到满足，员工也不会产生"不满意感"；如果这些因素得到满足，员工就会对公司、对工作产生满意感，从而更加积极地工作。

赫茨伯格认为"满意"的对立面并不是"不满意"，消除了员工的"不满意"，不一定就会产生"满意"。

----------------→

知识链接

◎亚伯拉罕·马斯洛（Abraham H. Maslow，1908～1970）：人本主义心理学的主要发起者，出生于美国纽约市布鲁克林区一个犹太家庭，1934年在威斯康星大学获得心理学博士学位并留校任教。

《纽约时报》曾经评论说："马斯洛心理学是人类了解自己过程中的一块里程碑"。

◎克莱顿·奥尔德弗（Clayton Alderfer，1940～2015）：美国耶鲁大学行为学教授、心理学家。克莱顿·奥尔德弗在马斯洛提出的需要层次理论的基础上，进行了更接近实际经验的研究，提出了一种新的人本主义需要理论。

◎弗雷德里克·赫茨伯格（Frederick Herzberg，1923～2000）：美国心理学家、管理理论家、行为科学家，双因素理论的创始人。双因素理论是赫茨伯格最主要的成就，在工作丰富化方面，他也进行了开创性的研究。

资料来源：MBA 智库（https：//wiki. mbalib. com/wiki/马斯洛人类需求五层次理论；https：//wiki. mbalib. com/wiki/克莱顿·奥尔德弗；https：//wiki. mbalib. com/wiki/赫茨伯格）

◀ - - - - - - - - - - - - - - - - - - -

回到本节开始的"困惑与思考"：为什么 A 公司实施的是物质激励，B 公司实施的是精神激励，但都没有取得好的效果？

A 公司满足的是保健因素，但是缺乏激励因素；而 B 公司刚好相反，所提供的是激励因素，但是没有满足员工的保健因素。双因素理论告诉我们，保健因素是必需的，但仅有保健因素是不够的。管理者需要给员工提供合适的工作环境和工作条件，避免员工产生不满意的情绪。与此同时，在满足保健因素的基础上，只有进一步重视激励因素，才能使员工创造更好的工作绩效。管理者必须同时满足员工在保健因素和激励因素方面的需要，以便有效地调动员工的工作积极性。

- - - - - - - - - - - - - - - - - ▶

思考与研讨

请结合你个人工作或生活中的实例，说明双因素理论的具体应用。

【释疑解惑】

人性是很复杂的存在，每个人对工作的需求原因和所得是有差异的。有的人看重高薪（物质层面），有的人看重晋升机会（自我实现），有的人看重好的工作氛围（社交需求）。保健因素是每个人生存的基本保障来源，如果没有基本的物质基础，员工就不会免费替公司劳动，保健因素应随着公司及个人发展需求而不断变化。激励因素是员工进一步激发工作激情的"诱导剂"，如果员工在公司中的发展空间不足，他就会缺乏工作激情，工作水平和创造力都会受到影响。

（更多分析观点，请关注本课程"学习平台"的互动讨论区）

2.2.2   把控行为过程——过程激励

困惑与思考

小李年初进入一家外资企业工作，公司实行的是谈判工资制，员工工资只有本人知道，对其他人保密。小李对这份工作很满意，工作虽累却挺舒心，一方面公司的人际关系和谐，另一方面每月6000元的收入也不错，如果干得好，年底还有加薪的机会。小李一门心思扑到了工作上，经常加班加点，希望年底能够加薪。年终考核时，公司领导对小李的工作给予了高度评价，并给他加薪到每月7500元。

有一天，小李与年初同时进入公司的小秦在一起吃饭。两人聊天时小秦无意中说到自己从进公司起的月工资就是7500元，猛然间小李感到非常不公平。

▶▶**思考题**：为什么小李感到不公平，小李今后的工作表现将会怎样？

←------------------

激励是一项极其复杂的工作方式，学者们的研究发现，相同的需要不一定带来相同的行为，相同的行为也不一定来自相同的需要，仅仅了解人们需要的动机和需要的内容是不够的。因此，有学者开始关注激励的过程。过程激励理论主要从过程入手，着重研究行为产生、发展、改变与结束的过程。在这一方面有影响的理论主要有期望理论和公平理论。

（1）期望理论。期望理论是由美国心理学家维克托·弗鲁姆（Victor H. Vroom）于 1964 年提出的。该理论认为，激励措施的作用大小，可以表示为：$F = V \times E$，其中 F 表示激励力度，E 表示期望值，V 表示目标效价。

"期望值"是指个人根据以往经验，对达成目标可能性大小的估计和判断，如果个人估计通过努力，能够达成目标，期望值就高。否则，这个期望值就很低。这是一种主观判断的可能性，不同的人对同样工作完成可能性的判断是不一样的。"目标效价"是个人目标实现后，对所能够获得相应报酬的价值大小的主观判断。

例如，某部门经理提出，如果哪位员工的月订单量达到 200 万元，就按销售额的 1.2% 给予提成。

针对经理提出的任务，员工甲认为："一个月 200 万元的销售额对我来说简直是痴人说梦，虽然按销售额的 1.2% 给予提成还是不错的，但是无论怎样都实现不了，还不如不费那个力气"。由于员工甲的"期望值"很低，虽然"目标效价"比较高，但并没有产生什么积极性。

员工乙认为："200万元对我来说有难度，努力一下应该能够完成。这次的提成比例虽然提高了，但完成200万元的月销售额也只有2万多元的提成，没有太多必要。"员工乙虽然具有较高的"期望值"，但是"目标效价"并不高，也没有产生什么积极性。

可以看出，只有在员工对"目标效价"和"期望值"两项因素的主观评价都比较高的情况下，一项激励措施才会对员工形成较高的激励力度。因此，管理者要有效地激励员工，首先应设定合理的目标期望值，"跳一跳，摘得到"的目标才是最合适的。其次，只有了解员工的不同需要，采取恰当的激励措施，才能发挥措施的最大激励作用。

- - - - - - - - - - - - - - - ➡

知识链接

维克托·弗鲁姆（Victor H. Vroom），著名心理学家和行为学家，期望理论的奠基人，曾任美国管理学会（AOM）主席、美国工业与组织心理学会（STOP）会长。

弗鲁姆对管理思想发展的贡献主要在两个方面：一是深入研究组织中个人的激励和动机，率先提出了形态比较完备的期望理论模式；二是从分析领导者与下属分享决策权的角度出发，将决策方式或领导风格划分为三类五种，设计出了根据主客观条件特别是环境因素，按照一系列基本法则，经过7个层次来确定应当采用何种决策方式的树状结构判断选择模型（领导规范模型）。

资料来源：MBA智库百科（https：//wiki. mbalib. com/wiki/维克托·弗鲁姆）

◀ - - - - - - - - - - - - - - -

（2）公平理论。公平理论是由美国心理学家约翰·斯塔希·亚当斯（John Stacey Adams）于 1965 年提出来的。

公平理论认为，员工工作的积极性不仅受绝对报酬的影响，更重要的是受相对报酬的影响。人们通常会将自己的投入和所得，与他人的投入和所得进行横向比较。也通常会将自己现在付出的劳动和所得的报酬，与自己过去所付出的劳动和所得进行纵向比较。其中，投入包括工龄、所受的教育与训练、经验与技能、资历以及对工作的态度等，报酬包括工资水平、机会、奖励、表扬、提升、地位以及其他报酬等。这样就存在三种情况，并会导致不同的比较结果（如表 2 - 1 所示）。

表 2 - 1　　　　　　　　　　公平理论的三种比较结果

比较	结果
Oa/Ia < Ob/Ib	由于报酬过低产生的不公平
Oa/Ia = Ob/Ib	公平
Oa/Ia > Ob/Ib	由于报酬过高产生的不公平

表 2 - 1 中，Oa 表示自己对所得报酬的感觉；Ob 表示自己对别人（或过去）所得报酬的感觉；Ia 表示自己对所投入量的感觉；Ib 表示自己对他人（或过去）所投入量的感觉。

第一种情况：自己的比值或现在的比值，比别人的比值或过去的比值低，就会认为是不公平的，会有一种吃亏的感觉。

第二种情况：自己的比值或现在的比值，同别人的比值或过去的比值相当，就会认为是公平的，员工此时的心理平衡。

第三种情况：自己的比值或现在的比值，比别人的比值或过去的比值高，这也是不公平的，这时员工心里会有短暂的负疚感，并有可能影响到其他人的工作积极性。

只有当员工觉得自己受到公平待遇时，他才会因此而保持工作的积极性。当员工产生不公平的感觉时，就会采取一些消极的方式来改变不公平，如要求增加报酬从而提高 Oa、减少自己的投入、辞职等。

------------------➤

知识链接

约翰·斯塔希·亚当斯（John Stacey Adams），美国管理心理学家和行为科学家，是公平理论的创始人。公平理论又称社会比较理论，它是亚当斯在《工人关于工资不公平的内心冲突同其生产率的关系》（1962 年）、《工资不公平对工作质量的影响》（1964 年）和《社会交换中的不公平》（1965 年）等著作中提出来的一种激励理论。该理论侧重于研究工资报酬分配的合理性、公平性及其对职工生产积极性的影响。

资料来源：MBA 智库百科（https：//wiki. mbalib. com/wiki/约翰·斯塔希·亚当斯）

◀------------------

关于公平理论，举一个例子。有一位艺术家为了安心创作，特意在郊区购买了一栋平房，平房前面有一棵大树，居住环境幽美。但是搬进新家后不久，他发现，原以为安静的平房并不安静，每天放学后，附近的小朋友都会聚集到平房前面的这棵大树下大声唱歌，自己的创作思路受到很大影响。如何解决这个问题呢？很多人会提出赶跑这些小朋友或者挪走这棵大树等方法，但是这些做法并不现实。这位艺术家运用公平理论巧妙地消除了自己的苦恼。他先是告诉这些小朋友，他特别喜欢听小朋友唱歌，愿意花钱请他们每天都来唱，第一天他付给了每个小朋友 5 块钱，第二天他却只付给了每个小朋友 2 块钱。一部分小朋友认为非常不公平，觉得自己与昨天是同样的"付出"，回报却变少了，这部分小朋友拒绝唱歌并回家了。到了第三天，艺术家不再给小朋友付钱了，剩下的小朋友也无法忍受这种"不公平"，都拒绝唱歌并回家了。当这位艺术家不再给小朋友付钱时，小朋友会觉得自己认真地"付出"没有获得应有的回报，感受到了不公平对待，因而就不再过来唱歌了。

约翰·斯塔希·亚当斯认为，人们总是倾向于高估自己的付出，而低估自己的报酬，对别人的付出及所得报酬的估计则与此相反，因此，由于感觉报酬过低而产生不公平。当员工感觉自己受到了不公平的对待时，就会做出一些消极的，甚至是有害的行为。因此，管理者要努力消除实际工作绩效与报酬之间的不合理性，同时也要采取一定的措施，以引导员工进行正确地比较。例如：有的企业实行保密工资制，以规章的形式来制止员工进行内部比较。

回到本节开始的"困惑与思考"：为什么小李感到不公平？小李今后的工作表现将会怎样？很显然，小李将自己的报酬和工作投入的比值与小秦的报酬和工作投入的比值进行比较后，内心产生了不公平感。根据约翰·斯塔希·亚当斯的公平理论，小李今后的工作积极性肯定会受到影响，并且很有可能会辞职。由此可见，激励并不取决于绝对值，而取决于所实施的激励是否公平。

- - - - - - - - - - - - - - - - - ➤

思考与研讨

2008 年 3 月，谷歌全球在线销售和运营副总裁沙里尔·桑伯格

（Sheryl Sandberg）跳槽加入了 Facebook，并被任命为 Facebook 的首席运营官。桑伯格在谷歌工作期间，她的部门人数从 4 个人猛增到数千人，她本人成为一名亿万富翁。

桑伯格跳槽加入了 Facebook 时，她对媒体说："Facebook 的现在让我想到了谷歌的过去，这让我很激动，我非常怀念以前创建谷歌的日子，能够再次帮助一家公司成长起来是一生难得的机会。"

请用期望理论解释沙里尔·桑伯格跳槽的原因。

【释疑解惑】

期望理论认为，某种激励对人的行为的激发力量取决于两种因素：效价和期望值。期望值指的是采取某种行为可能带来的绩效和满足需要的概率（目标实现的可能性），而效价是指行为目标对满足个体需要的价值。具体地说，某种激励对员工行为的推动力，满足员工需要的力量，是效价和期望值两个变量的乘积。

沙里尔跳槽到 Facebook 的期望值是高的，因为她有创建谷歌并帮助其成长起来的经验，可以应用到 Facebook 上。她帮助 Facebook 成长起来的可能性非常大，帮助 Facebook 成长之后的效价也是非常高的。毫无疑问，她能获得非常高的报酬。所以，高期望×高效价＝高激励力度，这就是沙里尔跳槽的原因。

（更多分析观点，请关注本课程"学习平台"的互动讨论区）

◀－－－－－－－－－－－－－－－

2.2.3　重视行为结果——结果激励

－－－－－－－－－－▶

困惑与思考

张勇是一家公司的总经理，为调动员工开展技术革新的积极性，只要员工有了新的技术革新成果，他就用该员工的名字命名，并举行表彰大会。张勇的做法收到了很好的效果，员工的工作积极性有所提高。但这种做法往往只能调动中青年员工的技术创新积极性，已经取得一定技术级别的员工仍然不为所动。

为此，张勇针对资历较深的员工推出了一项新的措施，如果长期没有新的技术革新成果，则降低他们的技术级别待遇。这项新的措施实施后，已经取得一定技术级别员工的技术革新积极性有了明显提高。

▶▶ 思考题：为什么完全相反的两种激励方式，都能取得一定的激励效果？

内容型激励理论关注行为的"源头"，过程型激励理论关注行为的"过程"，另外有一批学者试图避免涉及人的复杂心理过程，将目光投向了行为的"结果"，着重探讨如何根据行为的结果来引导和控制人的行为。

在这方面，美国心理学家伯尔赫斯·弗雷德里克·斯金纳（Burrhus Frederic Skinner）于 1949 年提出的强化理论最有影响。该理论认为，人的行为是外部刺激的函数，依靠外部的强化作用能够调节人的行为。

知识链接

伯尔赫斯·弗雷德里克·斯金纳（Burrhus Frederic Skinner，1904 ~ 1990），美国行为主义心理学家，新行为主义代表人物，操作性条件反射理论的奠基者。1947 年，斯金纳担任哈佛大学心理学系终身教授，从事行为及其控制的实验研究。斯金纳还创制了研究动物学习活动的仪器——斯金纳箱，心理学家至今依然使用这个装置来研究动物行为。

斯金纳一生著作很多，自 1930 年以来，发表了 100 余篇论文和 12 本专著。他的主要著作有：《有机体的行为：一种实验的分析》《科学与人类行为》《言语行为》《学习的科学和教学的艺术》《教学机器》，这些著作全面阐述了操作行为主义理论和这种理论在教学领域中的应用。他还用操作行为主义理论阐述社会生活问题，出版了《沃尔登第二》《自由与人类的控制》《超越自由与尊严》，这些作品曾在美国社会中引起巨大反响和讨论。

资料来源：MBA 智库百科（https：//wiki. mbalib. com/wiki/伯尔赫斯·弗雷德里克·斯金纳）

◀- - - - - - - - - - - - - - - - - -

如果一个人完成某种行为后，所受到的外部刺激对他有利，则他的这种行为就会重复出现；如果所受到的外部刺激对他不利，则他的这种行为就会减弱直至消失。管理者可以通过运用不同的强化方式，使人们的行为符合组织的目标。

斯金纳指出强化的方式主要有四种：正强化；负强化；忽视；惩罚。

（1）正强化是指如果员工的行为给组织创造了价值，有利于组织目标的实现，管理者就应及时通过报酬、提升职位等方式，对员工的这种行为进行肯定，以促使员工再次做出有利于组织目标实现的行为。

（2）负强化是通过预先告知员工某种不符合要求的行为可能会受到相应处罚，从而使员工采取符合要求的行为或回避不符合要求的行为。

（3）忽视就是对以前采用过正强化的一些员工行为，不再进行肯定、赞赏等正强化，员工的这种行为就会因为长期得不到正强化，而逐渐自然消退，不再重复这种行为。

（4）惩罚是对员工不符合组织目标的行为进行否定或处罚，如批评、降职、降薪、解雇等，以便消除这种行为重复发生的可能性。

在运用强化理论的过程中，管理者应做到对"结果"的及时反馈，如果管理者能做到及时反馈，就会使其下属人员由于行为受到肯定，需要得到满足，从而更加积极地把此种行为坚持下去，或者由于行为受到惩罚，从而使此种行为得到制止。反之，如果管理者对下属人员的行为漠然置之，或者对事前的许诺不予兑现，便起不到预期的强化作用，甚至会起相反的作用。

对员工行为及时反馈的形式可以多种多样，在这里分享一个案例。有一家公司，专门在公司大厅摆放了一个大铜锣，员工只要业绩突破 100 万元，就可以去敲它一响，突破 200 万元则敲它两响，依此类推。该公司的办公室紧邻着大厅，只要这个铜锣被敲响，它的声音马上会传入各个办公室，也就是告知大家，有员工的业绩突破了百万元大关，所有的员工都会起立鼓掌，给予敲锣员工英雄式的欢呼。公司的一些员工表示，这种被大家鼓掌欢呼的场面，是一件非常有面子的事，谁都希望自己是下一个敲锣者。这家公司的敲锣做法正是采用了正强化来鼓舞员工士气，并且能够做到及时反馈，这是一种很好的激励方式。

再分享一个案例。小胡大学毕业后进入一家互联网公司工作，初入职场的小胡干劲十足，不仅每天出色地完成公司交给的任务，还经常提出自己的一些建议，公司很多同事都觉得小胡今后一定会大有作为。最近，小胡又一次主动向公司领导汇报了自己工作中的一些设想，公司领导听过之后，对他说："小胡，你还年轻，好好做，不要胡思乱想了。"自此之后，小胡的工作积极性大不如以前，也不再对自己的工作提出任何想法了。

为什么小胡的工作积极性大不如前？公司领导的做法显然是存在问题的。小胡努力工作的行为和态度，应该通过正强化的方式给予及时肯定，这样不仅可以激发小胡更大的工作积极性，还会激励更多的员工向小胡学习。这位公司领导没有对员工的积极行为及时给予"正强化"，应用的方式实际上是一种"忽视"，员工积极工作的行为因为长期得不到正强化，而逐渐自然消退，不会再重复这种行为了。

在对员工应用强化方式时，管理者应以正强化方式为主。管理中有一条法则叫作"南风法则"，大意是：有一天，北风和南风来比赛，看谁能让路上行人把身上的大衣脱掉。北风一刮，结果路上行人把大衣裹得更紧了。南风微微一吹，顿时风和日丽，路上行人感觉到有些热，主动脱掉了大衣，南风获得了比赛的胜利。

"南风法则"给我们一个重要启示：温暖胜于严寒，管理者要尊重和关心下属，多点人情味，激发他们的积极性。管理中不反对负激励，但是一定要以正激励为主。很多人都认为：好员工都是夸出来的，这是有一定道理的。每个人都是潜在的好员工，管理者要学会"赏识"你的员工，始终让员工在积极的轨道上前行，帮助他们找到做"好员工"的感觉。俗话说："士为知己者死"。如果你能理解你的员工，重视他的价值，赏识他，那么他就会为你激发自身的潜力，创造出不菲的成绩，并忠诚于你。这就是"赏识"的力量。

回到本节开始的"困惑与思考"，为什么张勇针对不同的员工所使用的激励措施截然相反，但却都收到了较好的激励效果？

原因在于每个员工的需要是不同的，因而对同一种强化物的反应也各不相同。年轻员工往往具有更强烈的职业理想，更渴望荣誉与成功；而已经达到一定技术级别、资历较老的员工，往往较为墨守成规。这就要求根据强化对象的情况，采取不同的强化物，以激起其行为动机，达到强化的目的。因此，张勇针对较为年轻的员工采取正强化激励，对具有一定技术级别的老员工实施负强化激励，两种方法虽然一正一负，但其出发点一致，殊途同归，达到了相同的目的。

针对外在激励的三个抓手，管理者既要准确把握员工需要的内容，也要注重激励过程中的艺术与技巧，同时还要对员工不同的行为采取不同的强化措施。也就是说，要将内容激励、过程激励和结果激励这三种类型的激励理论有机结合，争取达到好的激励效果。

首先，管理者在设定工作目标的报酬时，一定要与员工的主导需要相适应。如果管理者设置的目标报酬是员工不感兴趣的，对员工就没有吸引力，就无法激起员工对工作成果的期望，从而无法激励员工的积极性和主动性。

其次，管理者在设定工作目标时，一定要正确估计员工实现目标的可能性，使大多数员工通过努力都能实现目标。如果管理者设定的目标太高，员工经过努力也难以实现，即使目标的报酬和奖励对于员工很有吸引力，也无法激发员工的工作积极性和主动性，甚至有可能打击员工的工作积极性。

另外，管理者要针对员工的不同行为结果，及时给予不同的强化，使得奖励或惩罚与员工的绩效直接相联系，才能使激励达到理想的效果。

------------------->

思考与研讨

罗华毕业于某名牌高校，在一家大型设备厂负责技术工作多年，担任助理工程师一职。几年前，罗华跳槽加入了 A 公司。

A 公司董事长张平在行业内是出名的识才老板，罗华到公司上班的第一天，张平就在公司大门口挂出了"热烈欢迎罗华工程师到我公司工作"的横幅，并特意要把"助理工程师"的"助理"两字去掉，这确实使罗华当时很感动。

罗华加入 A 公司后，工作诚恳负责，技术能力强，很快就成为公司有口皆碑的"技术通"。今年，罗华研发出了一项重要的技术，为公司带来了不错的效益，恰逢公司有申报工程师的指标，罗华刚好符合申报条件。没有想到，最后公司却将名额给了一个业绩平平、即将退休的老技术员。

罗华想去问下董事长张平，谁知张平却先来找他了，并对他说："你年轻，机会有的是。"

另一家公司听说罗华这件事后，极力邀请罗华加入他的公司，并承诺立即可以申报工程师。罗华几次想向公司提出辞职，但都没有勇气讲出来，因为老板张平经常在公司大会上夸赞他的业绩，平时只要张平在路上遇见罗华，总会拍拍他的肩膀，说"干得不错！"

最近，罗华打算去找老板张平要求提高工资。谁知，老板张平却先来找他了。老板笑着拍拍他的肩膀说："罗华，公司有意重点培养你，好好加油干。"罗华又不好开口了。

第二天，罗华给老板桌上放了一张纸条：老板，谢谢您一直以来对我的肯定，但我决定走了。

▶▶**思考题：**罗华为什么会辞职？请结合你个人工作或生活中的

实例，参与我们的讨论。

【释疑解惑】

激励的目的是提高员工积极性，科学、公平的机制对于激励实现尤为重要。企业的激励手段有多种，构建远景与蓝图是很重要的一环，但是一味地"画大饼"却不兑现激励承诺，往往适得其反，让员工逐渐丧失对公司的信任。激励体现公平性也是影响员工工作积极性的重要因素。

从本案例来看，第一步，罗华跳槽加入 A 公司，得到了老板的赏识，使罗华倍感尊重，得到了正激励，起到了正强化的作用，取得了积极效果。第二步，管理者对罗华只有口头上的肯定，一次次"画大饼"却没有兑现。罗华碍于面子，想辞职但没有勇气，一次次被忽视后的激励已经走向了负激励。第三步，罗华彻底寒了心，去意已决。只有口头赏识，没有提升的机会，导致罗华最终离开。

（更多分析观点，请关注本课程"学习平台"的互动讨论区）

＜- - - - - - - - - - - - - - - - - - -

2.3 攻"心"之术：内在驱动的"三驾马车"

2.3.1 知行合一？——知觉与行为

- - - - - - - - - - - - - - - - - →

困惑与思考

A 公司小王根据部门经理的安排，前往电脑城购买一批移动硬盘。由于小王第一次去电脑城，出发前，部门经理特意提示他，电脑城假货较多，购买时务必小心。

小王在电脑城偶遇 B 公司采购部小江，小江是电脑城的"常客"，这次来电脑城为公司购买一批移动硬盘。两人一起来到了小江经常光顾的某品牌店铺前。该品牌一款移动硬盘正在 5 折销售，价格便宜。电脑城人多嘈杂，售货员非常卖力地推销这款打折移动硬盘。

在售货员热情介绍完产品后，小江没有任何犹豫，直接付款购买了一批。小王始终觉得这批移动硬盘价格低，一定存在问题，犹豫再三，最后还是觉得买不打折的产品才能保证是正品。

事实上，售货员推销的这批产品均是正品。

▶▶ 思考题：小王和小江面对相同的产品，为什么会有不同的知觉和行为？

要想有效地管理员工，就必须了解影响员工个体行为的因素有哪些。员工个体行为形成的原因非常复杂，但无外乎是内在因素和外在因素两个方面，并且外在性因素最终要通过内在因素产生作用。因此，对员工个体行为能够产生根本性影响的还是内在心理因素。正所谓：攻人先攻心，要想有效地管理员工，就必须了解影响员工个体行为的内在心理因素有哪些。

从组织行为学角度来看，对一个人行为能够产生关键性影响的内在心理因素主要有：知觉、态度和价值观。这三个因素被认为是员工行为内在驱动的"三驾马车"。本章节重点介绍员工个体行为内在驱动的第"一驾马车"——"知觉"以及知觉与行为之间的关系。

知觉是人们对客观事物的整体属性的反映。知觉与感觉有差别，感觉是关于客观事物个别属性的反映，例如，我们拿起一瓶纯净水，瓶子很光滑，还有点凉，这都是"感觉"。但是，如果我们闭着眼睛一摸，立即知道这是一瓶纯净水，这就是"知觉"。为什么我们闭着眼睛一摸就知道这是一瓶纯净水呢？因为我们曾经见过、并且触摸过一瓶纯净水，有着这种知识和经验，当我们再次触摸到它时，存在一个用我们过去的知识和经验解释的过程，这个解释之后的结果就是知觉。因此，知觉具有解释性，是人们在感觉基础上，对感觉到事物解释的结果。

影响知觉的因素有很多，其中人们的经验和知识是影响知觉的重要因素（如图 2 - 2 所示）。

绿红黄黑蓝黄
绿红蓝绿黑红

图 2 - 2　颜色与知觉

如果快速阅读图 2 - 2 中的颜色（而非读字），就很容易读错。为什么容易读错？因为我们认识字，有着这种知识和经验，当根据颜色读这幅图的颜色图时，人们的知识和经验对于知觉是有影响的。在管理工作中，当你推出一项改革方案时，有人赞同，有人反对，这很正常，因为人们的知识和经验是不一样的，面对同样的改革方案，大家形成的知觉就可能不完全一样。

另一个影响因素是情境。例如，同一件商品，放在高级商场和摆在地摊上，消费者对其质量的认知是不一样的。情景对知觉结果的这种影响，也叫"境联效应"。

如图2-3所示，《华盛顿邮报》曾做过一个实验，安排世界上顶级的小提琴演奏家约书亚·贝尔（Joshua Bell）在华盛顿的一个地铁站里拉小提琴。这位小提琴演奏家在波士顿举办的演奏会上，平均票价为100美元，并且经常被抢空。在45分钟的实验过程中，他共演奏了巴赫的6支曲子，共有几千人穿过该地铁站，但是没有一个人注意到他是约书亚·贝尔，没有人喝彩，也没有人发现他的才能。只有6个人停住脚步并稍加停留。有20个人给了钱，但没停留，他一共收到32美元。由此可以看到，情境因素对于人们的认知是多么重要。是"顶级小提琴演奏家"，还是"街头卖艺人"，与所处的情境有很大的关系。

图2-3 情境与知觉

图片来源：搜狐网，https://www.sohu.com/a/278311524_665329。

情境对知觉的这种影响，在管理工作中也常见。例如，一名员工平时工作中偶尔出现小的失误时，可能不会引起主管人员太多的注意，但同样的失误，如果出现在上级领导检查工作的时候，主管人员可能会大为恼火，认为这并不是一个小失误。

　　知觉对象的时空排列方式，对知觉也具有一定的影响。格式塔学派提出的知觉在空间组织形式上存在几条规律，也称格式塔原则，主要有以下几点。

　　（1）接近性原则。当客观对象在时间和空间上接近时，很容易使人把它们作为一个整体来进行感知。例如，图 2-4 中有 8 条线，但人们很容易把彼此相邻的两条作为一组来进行感知。

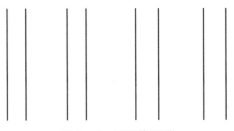

图 2-4　接近性原则

　　（2）相似性原则。知觉对象在形状和性质上相似时，很容易被知觉为一个整体。如在图 2-5 中，有很多小圆点和方点，但我们很容易看到由圆点组成的一个矩形和一个斜十字架。

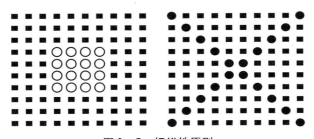

图 2-5　相似性原则

（3）闭合性原则。人们倾向于将缺损的轮廓加以补充使知觉成为一个完整的封闭图形。如图2-6所示，由于"b与c""d与e""f与g"分别包围了一个空间，所以很容易使人们把它们分别看成一个矩形，把a和h看成两条孤零零的线段。

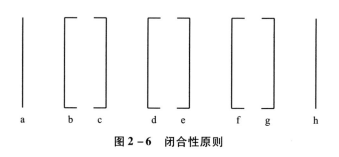

图2-6 闭合性原则

（4）连续性原则。几个对象在空间上有连续性或共同运动方向时，很容易被感知为一个整体。如图2-7中有很多小斑点，但人们很容易把它们分别看成一条直线和一条弧线。

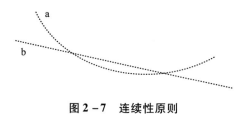

图2-7 连续性原则

知觉的这些原则对于管理工作是有指导意义的。例如，现在很多公司流行的"大办公室"，实际上是可以用闭合原则进行解释的。在一个"大办公室"工作，更容易被看作一个整体；而公司员工统一服装，挂统一的工作牌，则是符合相似性原则的，更容易被人认为是一个有凝聚力的群体。

------------------→

知识链接

格式塔学派指创立和继承格式塔理论的一个心理学学派。1912年，由韦特海墨（M. Wetheimer, 1880～1943）、考夫卡（K. Koffka, 1886～1941）和苛勒（W. kohler, 1887～1967）在德国创立，后来得到广泛传播和继续发展。"格式塔"一词是德语 Gestalt 的译音，原意是构成整体。这个学派反对把意识分析为单纯元素的构造心理学，批判行为主义只研究行为的孤立环节。

在格式塔学派看来，行为是大于反射系列的，它是完整的，完整结构的物质不能归结为组成整体的各部分的简单总和。相反，整体决定着部分的质的特点，并由目标来调整。所以，人类的行为任何时候都是彼此互相联系的，这种联系制约着个体走向他所向往的目标。格式塔学派的基本思想主要体现在以下四个方面：整体大于部分，并制约着部分的性质和意义；重视图形与背景以及轮廓在形成心理映象中的作用；引用现代数理的概念来说明心理现象及其机制；以现象学派作为主要理论基础。

资料来源：MBA 智库百科（https：//wiki. mbalib. com/wiki/格式塔学派）

◀------------------

人们常说的"眼见为实"，其实不一定都对，因为在我们的知觉形成过程中，存在着几种效应，将可能导致我们产生知觉偏差。

（1）首因效应和近因效应。大量研究表明，当我们面对一段信息时，最早提供的信息和最近提供的信息，对我们的认知影响最关键。人们在对某人某事认知的过程中，容易受到第一印象或第一信息支配，会直接影响人们的判断，就像沉入海底的锚一样把人们的思想固定在某处，这就是首因效应，也称第一印象效应、锚定效应。

心理学家曾做过一个试验，将试验对象分为 A、B 两组，分别要求他们快速估算数字，A 组估算 $1 \times 2 \times 3 \times 4 \times 5 \times 6 \times 7 \times 8 = ?$，B 组估算 $8 \times 7 \times 6 \times 5 \times 4 \times 3 \times 2 \times 1 = ?$。这两组的计算结果应该是一样的，但是实验结果表明，A 组快速估算的结果远远小于 B 组的估算结果。这是因为两组都会受到最初几步计算结果的影响，最初计算的结果小，则估算的结果便小，最初计算的结果大，则估算的结果便大。

近因效应是指最近的某一信息，可能会使我们对某个人或某件事过去形成的印象或认识发生质的变化。

（2）晕轮效应。晕轮效应又称光环效应，是指人们在所认知事物的众多特征中，某个特征可能会影响到对该事物的整体认知，就像月晕一样掩盖了人们对月亮的感知。常说的"一俊遮百丑""一好百好"就是指的这种效应。

（3）投射效应。投射效应是一种"以己论人"的效应，人们常说的"以己之心度他人之心"或"以小人之心度君子之腹"，便是一种投射效应。芭比娃娃在日本刚上市的时候，并没有得到广大消费者的好评。在日本青少年眼中，芭比娃娃腿太长、蓝眼睛，一点也不像日本女孩，因此销量不佳。后来，商家经过调查和访谈，将芭比娃娃的蓝色眼睛，改成了符合日本人审美习惯的咖啡色，并修正了芭比娃娃的身材比例，结果在日本大受欢迎。

人们可以根据投射效应，从一个人对别人的看法中推测这个人的真正意图或心理特征。由于人与人之间有共性，在很多情况下，人们对别人做出的推测都是比较正确的。但是人们又各有个性，如果投射效应过于严重，总是以己度人，那么人们将无法真正了解别人，也无法真正了解自己。

回到本节开始的"困惑与思考"，小王和小江面对相同的产品，为什么会有不同的知觉和行为？在日常生活中，人们往往根据已有的知识和经验，形成一定的知觉。小王是第一次去电脑城购物，但由于事先通过部门经理获得了"电脑城假货多"这一经验告知，加上售货员推荐的移动硬盘打折价格低，自然觉得这批产品会存在问题。而小江经常光顾这家品牌店，过去的知识与经验告诉他这家品牌店没有假货，因此很快就达成了交易。显然，人们已有的经验和知识是影响知觉的一个重要因素，进而还会造成人们的行为差异。

-----------------➤

思考与研讨

首应效应和近因效应，分别在什么情况下发生？

请结合这节的知识点，并联系你的工作或生活实例参与我们的讨论。

【释疑解惑】

首因效应即"第一印象"，通常在人们最初接触到信息并形成印象后，会对以后的活动和行为产生影响。近因效应通常在人们识记一系列事物后，对过去形成的印象产生了质的变化，通常发生在"熟人"或熟悉的事物之间。

（更多的分析观点，请关注本课程的互动讨论区）

◀-----------------

2.3.2　态度决定一切？——态度与行为

- - - - - - - - - - - - - - - - - - - ▶

困惑与思考

黄江是某名牌高校李教授指导的一位研究生。在三年的研究生学习期间，李教授觉得黄江业务能力很不错。黄江研究生毕业时，李教授特意向 A 公司推荐了黄江。但是在进入公司实习后不久，黄江所在部门主管却给了小黄一个"工作能力较差"的评价。李教授觉得很奇怪，经过一番了解后得知：黄江在实习期间，言谈举止较为傲慢，并且还经常出现迟到早退现象。

▶▶**思考题：**研究生期间业务能力不错的黄江，为什么却被实习单位认为"工作能力较差"？

◀ - - - - - - - - - - - - - - - - - - -

态度是指个体对外界的一种较为持久而又一致的内在心理和行为倾向。在公司管理工作中，人们经常会说"态度决定一切"，态度与行为之间存在着密切关系。下面看一则寓言故事。

一天，一个猎人带着猎狗上山打猎，到了山上发现前方有一只野兔子，猎人一枪打过去，很遗憾，没有直接将兔子打死，只是打伤了兔子一只脚。这只受了伤的野兔子拼命逃跑，猎人于是对身边的猎狗发出指令：去把那只受了伤的野兔子抓回来。一只受了伤的野兔子，怎么能够逃脱经过专门训练的猎狗呢？然而，过了很长一段时间，这只猎狗气喘吁吁、空着手回来了。猎人感到很奇怪："野兔子呢？""它跑掉啦！""那你是怎么回事？"猎狗说："主人，我确实尽力了，但是它跑得太快了。"

这只野兔子逃回自己的窝，其他野兔子都感到十分奇怪："你是怎么能够活着命逃回来的？"这个时候，野兔子说了一句发人深省的话："这只猎狗在追我的过程中，它确实尽力了，它是在尽力而为；而我为了逃命，我是在全力以赴。"

可以看出，一种"尽力而为"的态度和一种"全力以赴"的态度带来的是两种完全不同的行为结果。

态度会影响人们的毅力与耐心。心理学家华莱士·兰伯特（Wallace E. Lambert）曾做过一个实验。他找了一些基督教徒和犹太教徒参与实验，测试他们对疼痛的忍受程度。第一轮测试后，发现他们忍受疼痛的能力并没有明显差别。在休息时间，主试者告诉参与实验的基督教徒："据某一研究表明，基督教徒的耐痛能力不如犹太教徒。"接下来做第二轮测试，结果显示，基督教徒的耐痛能力比第一次有明显的增高，而犹太教徒则无明显变化。

这个实验表明，一个人如果对自己所属群体有认同感、荣誉感、责任感，就会表现出巨大的能量与忍耐力。在公司管理工作中，对团体有认同感、抱有忠诚态度的员工，当团体遭遇挫折时，往往能够与团队风雨同舟，表现出较强的忍耐力；反之，当团队出现挫折时，就会产生抱怨、牢骚，甚至辞职离去的情况。

态度还会影响人们的认知和判断。人们常说"情人眼里出西施"，一个长得非常普通的女孩，在喜欢她的人心目中一定是非常漂亮的。对待同一件事，如果大家的态度不一样，认知就是不一样的。

态度由认知、情感和行为倾向三种心理成分构成。其中，认知成分是指个体对态度对象的认识、理解和评价，是态度的理性成分；情感成分是指个体对态度对象的喜爱或厌恶的情感体验；行为倾向成分则是指个体对态度对象的反应倾向。

这里举个例子，便于大家更好地理解态度的三种成分。假如我们给一对青年男女介绍对象，在他们相互见面后，作为介绍人，我们肯定特别关心双方的态度，会分别找男方女方问一问，让双方表明态度。得到的答复可能是：很不错，喜欢对方，希望继续约会。

"很不错"是认知成分；"喜欢"是情感成分；"继续约会"是行为倾向。

从事管理工作经常需要表明态度。一个完整的态度，必须清晰表明对事物的认知、情感和行为倾向。但是很多人表达态度时往往是很含糊的，他可能只表明对事物的一种认知，并没有表明他的情感以及他的行为倾向，这其实都是态度含糊的一种表现。

在态度的三种成分中，最核心的成分是什么？很多人认为是认知成分，或者是行为倾向。以上例来说，作为介绍人，最关心的一定是你到底喜不喜欢对方。只要喜欢对方，肯定会继续与其约会。湖南卫视有一档节目，叫作《寻情记》，节目主持人在调解男女双方当事人的情感矛盾时，问得最多的一句话是："你到底还喜不喜欢他（她）？"为什么主持人会反复问这句话？因为这句话体现的是情感成分，情感成分是态度最核心的成分，只要你还喜欢他（她），那么两人之间的矛盾是可以去调解的。

由此给我们带来了一点重要启示：如果要改变或者影响一个人的态度，就要从情感成分入手。但是在管理工作中，很多人在改变他人态度的过程中，往往更多的是希望改变他人的认知，或者希望改变他人的行为，收到的效果往往是很差的。

对于现代管理者来说，影响并改变员工的态度是日常管理工作中的一项重要内容。

心理学家卡尔·霍夫兰德（Carl Hovland）经过对大量案例的跟

踪调查发现，一个人的态度往往是在联想、模仿、强化三种情况下形成的。联想的对象不同，形成的态度也不一样。例如，关于大学毕业后是否继续读研究生，不同人的态度是不一样的，如果你的联想是"读完研究生，以后会有一个更好的职业空间"，那你可能就会对继续读研究生形成一种积极、肯定的态度。但如果你的联想是"读完研究生，不一定能找到好的工作"，那你可能就会对继续读研究生形成一种消极、否定的态度。

所谓模仿，是指受周围人或环境的影响，按照某种现成的样子学着做。"孟母三迁"的故事就告诉我们，人们难免会受到周围的人与环境的影响，并有可能受到别人的影响而改变自己的态度。

所谓强化，指的是加强，巩固的意思。在正强化与负强化的作用之下，人们有可能形成一种态度。比如，企业各种奖励和惩罚条款，会对员工工作态度的形成与改变产生重要的影响。

在态度形成的这三种方式中，最重要的方式，是联想，而不是模仿，也不是强化。在实际工作中，很多人试图去改变别人的态度，用得更多的方式是强化，而不是联想。但是，理论研究结果告诉我们，对一个人态度产生最大影响的是联想，而不是强化。很多公司的企业文化做得非常不错，例如将一些名言警句写在墙上，这样做可以让员工在潜移默化中产生一些积极的联想。由于联想是态度形成的一种重要方式，因此，作为一个好的管理者，一定要学会给员工描绘愿景。这样做的道理非常简单，任何一个人，只有当他对未来有着美好憧憬的时候，他才能在工作中有积极的态度。

心理学家利昂·费斯廷格（Leon Festinger）在态度的形成与改变的理论方面，提出了认知失调理论。认知失调理论认为：一般情况下，个体的态度与行为是相协调的，因此不需要改变态度与行为。假如两者出现了不一致，或是做了与态度相违背的事，或是没做想做的事，这时就产生了认知失调。认知失调会产生一种紧张心理，个体会力图解除这种紧张，以期重新恢复平衡，这个过程中将伴随着态度的改变。

- - - - - - - - - - - - - - - - - - ▶

知识链接

利昂·费斯廷格（Leon Festinger，1919～1989），美国著名社会心理学家。主要研究人的期望、抱负和决策，并运用实验方法研究偏见、社会影响等社会心理学问题。1959年获美国心理学会颁发的杰出科学贡献奖，1972年当选为美国科学院院士。

费斯廷格在心理学上的贡献，主要来自在社会心理学上两方面的研究成果：一是社会比较论（social comparison theory），该理论由费斯廷格于1954年在论文《论社会比较》中所提出，指出团体中的个体具有将自己与他人进行比较，以从中确定自我价值的心理倾向，受到社会情境之影响，个体时而与条件胜于自己者相比较，有时将与条件劣于自己者相比较，旨在追寻自我价值。二是认知失调论（cognitive dissonance theory），该理论由费斯廷格于1957年在《认知失调论》一书中所提出。认知失调论的基本要义为，当个体面对新情境，必需表示自身的态度时，个体在心理上将出现新认知（新的理解）与旧认知（旧的信念）相互冲突的状况，为了消除此种因为不一致而带来紧张的不适感，个体在心理上倾向于采用两种方式进行自我调适：对新认知予以否认；寻求更多新认知的讯息，提升新认知的可信度，借以彻底取代旧认知，从而获致心理平衡。此理论于性质上为解释个体内在动机之主要理论，故而被广泛作为解释个体态度改变之重要依据。

资料来源：MBA 智库百科（https：//wiki. mbalib. com/wiki/费斯廷格）

←- - - - - - - - - - - - - - - - - -

回到本节开始的"困惑与思考"：我们知道，态度会影响人们的认知与判断，影响人的行为，影响人的毅力与耐心。虽然黄江本身业务能力并不差，但由于他在实习期间，表现出傲慢和迟到早退现象，给主管形成了黄江工作态度不好的认知。良好的工作态度是工作成功的重要保障，工作态度常常会进一步影响工作质量，主管自然会对黄江给出"工作能力较差"的评价。

- - - - - - - - - - - - - - - - - -→

思考与研讨

有人说：一流员工态度好，能力强；二流员工态度好，能力差；三流员工态度差，能力强；四流员工态度差，能力差。你是否赞同这一观点？

请结合你个人工作或生活中的实例，参与我们的讨论。

【释疑解惑】

态度会影响人们的认知和判断，影响人的行为、人的毅力与耐心。良好的态度是工作成功的重要保障，工作态度往往会进一步影响工作质量，好的工作态度，是提高工作效率的一个前提条件。此外，如果员工态度积极上进，即使能力有短缺，也可以通过努力学习去弥补。

公司创业初期，态度差、能力强的员工可能更受重视，公司在这一时期的目标是"活"下去，业绩为王；公司成熟稳定的发展期，态度好、能力差的员工可能更加匹配；虽然能力差但公司已有完善的

KPI流程、详细的绩效考核体系、系统的带教体系等，可以帮助态度好、能力差的员工获得成长。

（更多分析观点，请关注本课程"学习平台"的互动讨论区）

2.3.3 价值观空洞无物？——价值观与行为

困惑与思考

A公司董事长提出，要制订员工对公司价值观认同的考核细则，并与员工个人绩效考核直接挂钩。董事长的这项提议遭到了一些董事会成员的反对，他们认为：企业价值观是一种空洞无物、虚无缥缈的东西，这套做法不仅与公司绩效没有关系，反而折腾了员工。

▶▶**思考题：**董事会成员的反对意见是否有道理？

所谓价值观，就是人们对客观事物（包括人、事、物）的意义和重要性的总体评价，一方面表现为价值取向、价值追求，另一方面又表现为价值尺度和准则，成为人们判断事物价值大小的评价标准。

在实际工作与生活中，员工的价值观存在差异，有人注重工作成就，有人看重金钱报酬。如果人们对同一个事物的价值观不同，就可能产生不同的行为。例如，同一条规章制度，认为其合理的人，会去认真执行；认为其不合理的人，可能就会拒绝执行。

这里举一个例子：有一家公司的总经理叫王云，最近他面临一件苦恼的事情：为了树立公司良好的形象，他要求全体员工在工作时间必须穿正装。这项要求实施后，引发了员工的激烈争论。

有员工认为，制度化和规范化是管理工作的基石，要求工作时间穿正装，是十分必要的。有员工认为，穿什么衣服与工作业绩其实没有什么关系，类似着装这样的制度过于繁杂，执行严格反而导致工作压力过大。还有一些员工认为，公司应尊重员工的个性，穿衣打扮不必强求。

规定正式执行的第二天，王云发现一位业务骨干没有按要求着装，这位业务骨干是位"90 后"，日常穿着很潮流。王经理对这位"90 后"业务骨干进行了严厉批评。没有想到，这位"90 后"业务骨干第二天便提出了离职申请。

王云对此十分不解："如此简单"的着装要求，为什么会有这么多不同的"声音"？还会有员工因此而提出辞职？

个体差异是普遍存在的，员工对公司规章制度和行为要求的理解及价值观存在差异。从这个案例来看，有的员工，特别是一些老员工，通常对公司规范化、制度化的管理与工作绩效之间的关系有着深刻的体会，从而培育了他们遵守制度、尊重管理的价值观。这位业务骨干是"90 后"，新生代员工个性化特征明显，强调自我，喜欢被关注。当对公司着装要求不理解、不认同时，会通过"不按要求着装"直接表达，受到批评教育后，仍然强调自我价值主张，最终提出离职。

管理者只有在了解员工价值观的基础上才能有效地引导员工的行为。例如，在工作中，员工可能存在三种不同的价值观：有些员工认为只要完成公司交代的任务就可以了；有些员工则在熟悉已有某项工作的基础上，时刻期待新的挑战；还有些员工不把工作任务当目标，而要得到领导的认可才能感到满足。

因此，对于以上三种类型的员工，要根据各自不同的期望合理安排工作。比如，第一类员工成长需求低，给他们安排比较简单的、重复性、标准化的工作，让他们圆满完成每一项任务即可；第二类员工成长需求高，需要安排复杂的、富有挑战性的工作，要让他们体现自己的价值，从挑战中获得满足；对于第三类员工，无论委派什么工作，领导都要给予积极的回应，要让他们感受到领导对他们的工作是持续关注的。

有效的组织管理者必须高度重视价值观的变化及其对组织绩效的作用，尤其要形成企业自身的核心价值观，并深深扎根于每一位员工的心底。

企业自身的核心价值观就是指企业在经营过程中坚持不懈，努力使全体员工都必须信奉的信条。企业核心价值观深深根植于企业内部，是引领企业开展一切经营活动的指导性原则。只有拥有正确的核心价值观，并形成以核心价值观为基础的企业文化，才能形成企业的核心竞争力。

-------------------➤

知识链接

企业核心价值观的主要作用有以下几点。

（1）企业核心价值观为企业的生存与发展确立了精神支柱。企业核心价值观是企业领导者与员工据以判断事物的标准，一经确立并成为全体成员的共识，就会产生长期的稳定性，甚至成为几代人共同信奉的信念，对企业具有持久的精神支撑力。当个体的价值观与企业核心价值观一致时，员工就会把为企业工作看作是为自己的理想奋斗。企业的发展过程中，总要遭遇一些坎坷，一个企业如果能使其核心价值观为全体员工接受，并以之为自豪，那么企业就具有了克服各种困难的强大的精神支柱。

（2）企业核心价值观决定着企业的个性。在不同的社会条件或时期，都会存在一种被人们认为是最根本、最重要的价值，并以此作为价值判断的基础，其他价值可以通过一定的标准和方法"折算"成这种价值。企业作为独立的经济实体和文化共同体，在其内部必然会形成具有本企业特点的核心价值观，这种核心价值观决定着企业的个性，规定着企业的发展方向。

（3）企业核心价值观对企业及员工行为起着导向和规范作用。企业核心价值观是企业中占主导地位的管理意识，能够规范企业领导者及员工的行为，使企业员工很容易在具体问题上达成共识，从而大大节省了企业运营成本，提高了企业的经营效率。企业核心价值观对企业和员工行为的导向和规范作用，不是通过制度、规章等硬性管理手段实现的，而是通过群体氛围和共同意识引导来实现的。

资料来源：熊勇清. 管理素质的五项修炼［M］. 北京：经济科学出版社，2020.

◄-------------------

《水浒传》中梁山泊汇聚 108 位强将，何其强大！以致强大到能与朝廷抗衡，最后成功招安。梁山泊为什么能汇聚这么多好汉？这跟好汉们的价值观有关。梁山好汉 108 将，个个身怀绝技，如果他们没有统一的价值观，不要说打别人，自己早就打起来了。为了对内防止打架，对外吸引人气，宋江琢磨出了以"忠义""替天行道"为核心的梁山泊价值观，这样的价值观让大家同心协力，团结在一起。

后来，关于接受招安算不算"忠义"这个问题，大家的价值观出现了分歧，宋江认为应该投降，李逵认为打打杀杀挺好的，还有些人认为，衙门不抓我们就很好了，结果价值观的分裂最终导致了梁山团队的土崩瓦解。

宋江领导的梁山团队以价值观的"合"而聚在一起，最后也以价值观的"分"而各奔东西，真是成也价值观，败也价值观。

詹姆斯·科林斯（James C. Collins）和杰瑞·波拉斯（Jerry I. Porras）在广受好评的《基业长青》这本书中写道："能长久享受成功的公司一定拥有能够不断地适应世界变化的核心价值观。"相关研究发现，核心价值观是包括 IBM、强生、宝洁等大公司取得成功的关键因素。

那么，怎样才能使得核心价值观在整个企业及其员工群体中内化于心，外化于行？我们一起来看一个行业领头公司所构建的核心价值观体系及其考核方法。该公司成立之初就确立了"六大核心价值观"，并且制定了详细的考核内容及评价标准（见表 2-2）。这"六大核心价值观"包括：（1）客户第一：客户是衣食父母；（2）团队合作：共享共担，平凡人做非凡事；（3）拥抱变化：迎接变化，勇于创新；（4）诚信：诚实正直，言行坦荡；（5）激情：乐观向上，永不放弃；（6）敬业：专业执着，精益求精。

关于企业核心价值观，该公司还有着非常详细的考核细则。具体操作上，员工先按照 30 条价值考核细则从低到高逐项进行自评，再由部门主管/经理进行评价。其中评分在 27~30 分为优秀，23~26 分为良好；19~22 分为合格；0~18 分为不合格。价值观得分在合格及以上等级者，不影响综合评分数，但要指出价值观改进方向；价值观得分为不合格者，无资格参与绩效评定，奖金全额扣除；任意一项价值观得分在 1 分以下，也无资格参与绩效评定，奖金全额扣除。最后，部门主管/经理将员工自评分与被评分进行对照，与员工进行绩效

表 2 - 2

"六大核心价值观"

考核项目		评分标准				
		1	2	3	4	5
客户第一 分值5		尊重他人，随时随地地维护公司形象	微笑面对客户，积极主动为客户解决问题	积极承担责任，在与客户交流中，即使不是自己的责任，也不推诿	站在客户角度思考问题，在坚持原则的基础上，最终达到客户和公司都满意	具有超前服务意识，防患于未然
团队合作 分值5		积极融入团队，乐于接受同事的帮助，配合团队完成工作	决策前发表建设性意见，充分参与团队讨论；决策后必须从言行上完全予以支持	积极主动分享业务知识和经验；主动给予同事必要的帮助；善于利用团队的力量解决问题和困难	善于和不同类型的同事合作，不将个人喜好带入工作，充分体现"对事不对人"的原则	有主人翁意识，积极正面地影响团队，改善团队士气和氛围
价值观考核（总分30分）	拥抱变化 分值5	面对公司的日常变化不抱怨	面对变化，理性对待，诚意配合	对变化产生的困难和挫折，能自我调整，并正面影响和带动同事	在工作中有前瞻性，建立新方法、新思路	创造变化，并带来绩效突破性地提高
	诚信 分值5	诚实正直，言行一致，不受利益和压力的影响	通过正确的渠道和流程，准确表达自己的观点；批评意见的同时能提出相应建议，直言有据	不传播未经证实的消息，不在背后不负责地议论人和事	勇于承认错误，敢于承担责任；客观反映问题，对损害公司利益的不诚信行为严厉制止	能持续统一一贯地执行以上标准

续表

考核项目		评分标准				
		1	2	3	4	5
价值观考核 (总分30分)	分值5 激情	喜欢自己的工作、认同公司文化	热爱公司，顾全大局，不斤斤计较个人得失	以积极乐观的心态面对日常工作，不断自我激励，努力提升业绩	遇到困难和挫折永不放弃，不断寻求突破，直至取得成功	不断设定更高的目标，今天的最好表现是明天的最低要求
	分值5 敬业	上班时间只做与工作有关的事；没有因工作失职而造成的重复错误	今天的事不推到明天，遵循必要的工作流程	持续学习、自我完善，做事情充分体现以结果为导向	能根据轻重缓急来正确安排工作优先级、做正确的事	遵循但不拘泥于工作流程，化繁为简，用较小的投入获得较大的工作成果
	分值5	1	2	3	4	5

面谈，肯定员工好的工作表现，指出不足，指明改进方向。

该公司的核心价值观及其考核方法给我们带来了多方面启示。其中一点，就是必须明确价值观考核的细则，制定员工行为规范准则，告诉员工什么是正确的做事方式和态度，什么是错误的做事方式和态度，以此强化员工的认同感。

回到本节开始的"困惑与思考"，这些董事会成员的反对意见明显是错误的。企业核心价值观为企业的生存与发展确立了精神支柱，一经确立并成为全体成员的共识，就会产生长期的稳定性，对企业具有持久的精神支撑力。另外，企业核心价值观还会对企业及员工行为起到导向和规范作用。企业核心价值观是企业中占主导地位的管理意识，能够规范企业领导者及员工的行为，使企业员工很容易在具体问题上达成共识，从而大大节省企业运营成本，提高经营效率与公司绩效。因此，价值观并非空洞无物，共同的价值观是高绩效团队最显著的特征之一。一个高绩效的团队就是要引发团队成员对团队价值准则的使命感、荣誉感和自豪感，从而自觉自愿地去实践、捍卫团队的价值准则。

- - - - - - - - - - - - - - - ▶

思考与研讨

企业核心价值观的重要性不言而喻，但如何让企业核心价值观落地，并在管理员工团队中发挥应有的作用则更加重要。在本节案例的基础上，结合工作实际，请你分享对如何更好地构建企业核心价值观并进行有效考核这一问题的思考。

请结合你个人工作或生活中的实例，参与我们的讨论。

【释疑解惑】

一流的企业做文化，拥有核心价值观的企业在行为和规划上会有更加长远的考虑，对人才的吸引和培育也会有足够的力度，企业的愿景应该是超脱物质的需求和满足，满足于给他人创造价值，并满足于个人的价值实现需求。

企业核心价值观要在员工中落地。首先，需要符合整体公司员工的价值观，其次，能够对员工产生正向引导作用，让员工在践行价值观的时候有成就感。企业核心价值观可以作为关键指标列出，纳入考核体系。一些企业在价值观考核中往往只做了抽查背诵之类的表层考核，价值的认同感通常仅停留在管理层，员工对于要求背诵只觉得有趣并不在底层逻辑上予以真正的认同和理解。价值观的考核就是要让员工高度重视价值观的变化及其对组织绩效的作用，让它深深扎根于每一位员工的心底，因此需要明确价值观考核的细则，告诉员工什么是正确的做事方式和态度，什么是错误的做事方式和态度，以此强化员工的认同感。

有效考核企业核心价值观至少需要做到三点：一是用制度量化价值观；二是有检查和反馈机制；三是让价值观真正值钱，价值观的考核直接与奖金、晋升挂钩。

（更多分析观点，请关注本课程"学习平台"的互动讨论区）

第 *3* 章

群 体 行 为

3.1　群体决策：群体思维与决策方法

3.1.1　群体智慧一定高于个体智慧？——"群体思维"（团体迷思）视角

- - - - - - - - - - - - - - - ➤

困惑与思考

　　王兵在一家快消品公司市场部担任经理，市场部的员工特别团结并且工作热情都很高，在过去的新产品营销策划与推广中，市场部都战功显赫。近一年多以来，王兵明显感觉到，部门在召开营销策划会议时，往往一个人提出方案后，大家很容易达成一致意见，很少有人会提出异议。即使有人偶尔提出不同意见，也会迅速地被其他成员说服。但是，一些大家高度认可的方案，实施后的效果却总是不太理想。

王兵十分困惑，为什么大家高度认可的一些方案，效果不是很理想呢？

▶▶**思考题**：王兵所在市场部可能出现了什么样的问题？应该如何解决这个问题？

←-------------------

之前提到组织行为学分别从微观、中观和宏观三个层次解码组织行为的规律、特征及形成的原因。

在中观层次，组织行为学针对群体行为开展研究。群体是指为了实现某个特定的目标，两个或两个以上相互作用、相互依赖的个体的组合。群体作为组织的器官，是连接个体和组织的桥梁，发挥着承上启下的作用。但是，群体不是个体的简单相加。群体中的成员拥有共同的利益或目标，成员之间的行为相互依存、相互作用、相互影响，这是区别于个体的特点，也与临时聚集在一起的一群人存在差别。

群体行为是相对于个体行为而言的，当一个群体把成员个体凝聚在一起时，就具有了群体的意识和目的。群体行为具有不同于个体行为的一些规律、特征。人们通常认为，群体力量高于个体力量，这在多数情况下无疑是正确的。以群体决策为例，其本质上就是群体集合了众人的智慧所做出的决策。与个体决策相比，群体决策具备更完全的信息知识，增加了观点的丰富性，提高了决策的可接受性。

那么，群体智慧一定高于个体智慧吗？群体决策一定都优于个体决策吗？我们将重点讨论这个问题。

先来看一个案例。1959 年，美国政府策划让士兵假扮流亡者在古巴的猪湾登陆①，占领机场，然后发电报求救。这样，美国政府就能够以响应民众的请求作为理由，堂而皇之地进入古巴。这出"戏"由肯尼迪总统作为"总导演"，还有四位部长级人物、三名白宫智囊共同参与策划，其中还包括两位哈佛大学的教授。

然而，这出"戏"后来漏洞百出。比如，这出"戏"的重点在于必须隐瞒美国是幕后导演的身份，让美国进入古巴具有"合法性"。但是肯尼迪团队竟然派出了八台大型运输机、十余架轰炸机及十余艘军舰，而伪装手段只是在机身和舰身上贴上古巴的国旗。试问，流亡者怎么可能有这样雄厚的实力？所以行动一开始就被媒体看破真相，苏联人甚至把飞机军舰所属的部队番号登上了报纸。最终的结果则是千余名被送去古巴的雇佣兵，三天内全部被围剿。

如此精英的群体却会做出如此离谱的错误决策，这个案例表明，群体智慧不一定都高于个体智慧，群体决策也不一定都优于个体决策。其中一个重要原因在于群体决策中存在着"群体思维"的现象。

什么是"群体思维（group thinking）"？美国心理学家欧文·雷斯特·贾尼斯（Irving Lester Janis）在《群体思维》一书中给出了这样的定义："在一个具有较强团队精神的团体中，成员为维护团体的凝聚力，追求团体和谐和共识，通常容易忽略决策初始目的，因而不能够达到周详评估的思考模式。"换言之，群体由于过于团结，群体成员迫于从众压力而选择了不发表与多数成员不同的观点。

---

① 猪湾事件的资料来源：刘洁吟. 群体决策中的群体动力学困境研究——以美国猪湾事件为例［J］. 新闻传播，2017（8）：100－101.

------------------►

知识链接

◎欧文·雷斯特·贾尼斯（Irving Lester Janis，1918～1990），美国心理学家，致力于政策制定的心理学分析、危机管理等方面的研究。

◎贾尼斯因其提出的"团体迷思"理论而闻名。团体迷思亦译为群体迷思、团体盲思或团体思考。1982年，贾尼斯再探究入侵猪湾事件、偷袭珍珠港事件、越战、古巴导弹危机、马歇尔计划的发展、水门事件等美国政府历年外交决策事件，参照各个事件的环境、决策过程、决策结果，归纳出团体迷思的模型。

资料来源：刘训练. 西方群体政治心理研究的发展历程［J］. 南京社会科学，2013（8）：83–89.

◄------------------

"群体思维"又被称为"团体迷思"。群体思维常见的现象是：在群体就某一问题的提议发表意见时，有时会长时间处于集体沉默状态，没有人发表见解。后来，人们又会迅速地一致通过某个提议。通常情况下，群体内那些拥有权威，说话自信，喜欢发表意见的主要成员的想法更容易被接受，但其实大多数人并不赞成这一提议。

群体思维产生的原因主要有以下几点。

群体高度凝聚力。凝聚力越高的团体，当中的个体就更不愿去破坏这份凝聚力，而最终选择隐藏自己的真实想法。

群体不自觉地隔绝外界资讯与分析。群内成员都互相认为群内分析的信息才是更可信的，从而对外界的信息有选择性地自我隔离。

团队的领导是命令式领导，团队没有信心寻求比领导所提出的更好的方案。

如果群体成员背景和价值观相似，那么这个群体的思维就更容易趋同。

团队决策时，有来自外部威胁以及时间限制的压力，使得决策不得不加快进程。

群体思维有可能给组织带来一些严重后果。由于群体决策分散了责任，即使群体决策失败，也无人需要单独对最后的选择负责，所以群体会更加保守或者更加激进。

在前面提到的肯尼迪团队中，正是由于出现了"群体思维"，从而带来一些致命后果。

首先，像肯尼迪团队这样的精英团队在做决策的过程中，更倾向于在面对团队内其他成员的质疑时，先自我审查和反思，并且在这个过程中选择沉默，团队就更容易走向荒谬的一致。

其次，团队中的成员会有意无意地无视部分信息：在猪湾事件中，肯尼迪团队从来不看古巴报纸，认为上面一句实话都没有。肯尼迪团队默认他的对手就是封闭、愚昧的。

最后，"对自身的过高评估"。肯尼迪团队抱着"我来拯救你们"的心态，他们自认为代表正义、文明和开化，在这个过程中，他们不断合理化自己的想法，从而走进自视甚高的陷阱。

那么，应当如何预防群体思维的产生呢？既然问题出现在"过度团结"上面，首先就要去制造一些"不团结"。具体做法有两点：一是要鼓励批判性思维，鼓励一些群体成员"唱反调"，以便带动大家跳出群体思维的怪圈；二是"去中心化"，尽量在讨论过程中淡化成员的头衔和资历，创造更自由的讨论环境。

回到本节开始的"困惑与思考"：很明显，该公司市场部陷入了群体思维的困境中——这么一个团结的队伍，过去曾经取得无数的辉煌，很容易让大家陷入"对自身的高估"，容易产生"因为我们团结在一起，所以我们一定会胜利"的错觉，从而忽视决策中潜在的问题，最终影响决策的合理性。

此外，基于团体意识，整个团队成员会不自觉地寻求一致，当有人提出异议时，其他成员不仅不进行思考，反而选择共同辩解。

如何解决这个问题呢？首先可以让各个部门之间互相提出建议，比如由行政部或者采购部的同事来给市场部的方案提意见。由于并非同一个部门，便不会轻易地被"团结"所约束，并且"旁观者清"，其他部门对策划方案往往可以有更加客观和理性的批判，提出更合理、更有建设性的建议。此外，还可以通过一些群体决策方法来破除团体迷思。

----------------▶

思考与研讨

请回忆你所经历过的一次"群体思维"事件，并分析其产生的原因。

请结合你个人工作或生活中的实例，谈谈你的看法。

【释疑解惑】

群体思维在实际工作中经常出现，往往会导致群体决策并非最高明的决策。在实际工作中，如果一个群体在一起工作时间较长，群体有高度的凝聚力，特别是在成员背景和价值观相似的情况下，极易出现群体思维。

群体思维的常见现象是，当领导或某个成员发表了观点，大多数情况下，其他人都会选择跟随，而隐藏自己真实的想法，也懒得去思考。加之群体决策的结果是由整个团队承担，即使群体决策失败，也无人需要单独对最后的选择负责。相反，如果某个人提出了不同意见，那么他可能要承担一定责任，所以，多数成员为了避免麻烦而选择沉默或者跟随。

在群体决策中，应该鼓励批判性思维，可以采用"头脑风暴"等方法进行讨论，在讨论过程中要淡化头衔和资历，尽可能减少提出异议者的压力，以破除群体的"过度团结"，从而打破群体思维。

（更多分析观点，请关注本课程"学习平台"的互动讨论区）

3.1.2 如何突破"群体思维"（团体迷思）？——群体决策方法

困惑与思考

前一节我们介绍了王兵所在的快消品公司市场部出现了"群体思维"现象。为了让团队的营销策划重新回归理性，在咨询了一些管理专家意见之后，王兵决定采用德尔菲法来突破这一团队困局。

▶▶ 思考题：德尔菲法有什么特点？为什么德尔菲法可以解决群体思维这个困局？

群体决策相比个体决策而言，具有很多优点，但是通常也容易出现"群体思维"，从而形成"团体迷思"。为了解决这些问题，提高群体决策的质量，人们在长期的管理实践过程中形成了一些群体决策的科学方法。我们重点介绍两种："德尔菲法"和"头脑风暴法"。

德尔菲法，很多人习惯将其称为"专家预测法"。德尔菲是 Delphi 的译名，它是希腊历史遗址，为神谕灵验的阿波罗殿所在地。阿波罗被人们称为太阳之神，同时又被称为预测之神，相传在每年的一个固定时间，阿波罗都要将世界各地的预测之神召集到德尔菲，对下一年度世界上的万事万物做出分析判断。

德尔菲法最早出现于 20 世纪 50 年代末，是当时美国为了预测其"遭受原子弹轰炸后，可能出现的结果"而发明的一种方法。1964 年，美国兰德公司（RAND Corporation）的奥拉法·赫尔默（Olaf Helmer）和西奥多·杰·戈登（Theodore Jay Gordon）发表了"长远预测研究报告"，首次将德尔菲法用于技术预测中，此后，这种方法便迅速地被应用于群体决策中。

德尔菲法不同于一般的专家集体决策法，其本质上是一种匿名的专家集体决策法。德尔菲法有三个要求：匿名、多轮反馈、收敛。

（1）匿名。匿名是德尔菲法的重要要求，从事预测的专家在完全匿名的情况下交流观点，以避免权威意见的影响。

（2）多轮反馈。收集各位专家的意见，并进行归纳。将归纳后的结果再次反馈给专家，每个专家根据归纳结果，在慎重考虑其他专家的意见后，再次提出自己的意见。将收回的第二轮征询意见，再次进行归纳，再次反馈给专家，如此反复。

（3）收敛。一般经过 3～4 轮，就可以取得比较集中一致的意见，将多数专家所认可的方案作为最后的决策结果。

德尔菲法的一种具体操作过程如下。

物色好一些专家，比如选择 8 位专家，把需要讨论的问题发给这 8 位专家，并请专家针对问题分别提出具体方案。到了规定的时间，将 8 位专家所提出的方案汇集到决策组织者，由决策组织者对这 8 套方案进行简单汇总，不进行任何加工。将汇总之后的结果，反馈给这8位专家。当然，这些方案是谁提出来的，一定要保密，避免大家受到权威意见的影响。这是德尔菲法的第一个要点：专家匿名。

这8位专家收到反馈结果后，可能会有三种情况。第一，部分专家认同别人的方案；第二，部分专家继续坚持他原来的方案，并指出别的专家方案不成立的理由；第三，部分专家受到其他人方案的启发，对原来提出的方案进行补充和修改。

将这8位专家的第二轮方案再次反馈给决策组织者，决策组织者再次对方案进行简单归纳，不进行任何加工，把归纳后的结果再次反馈给8位专家，再次征求专家意见。这是德尔菲法的第二个要点：多轮反馈。

一个问题经过多轮讨论之后，总会有一种方案是大多数专家所认可的，就将这种方案作为最后的决策结果，这是德尔菲法的第三个要点：集中收敛。

德尔菲法跟一般的专家集体决策法是不一样的，它既避免了权威的影响，又能够达到集思广益的效果，很大程度上预防了"团体迷思"的出现，是非常好的一种群体决策方法。

头脑风暴法（brain-storming）又称智力激励法，是另一种常用的群体决策方法。头脑风暴法是由美国创造学家亚历克斯·法克尼·奥斯本（Alex Faickney Osborn）于1953年提出的一种激发创造性思维的方法。头脑风暴法主要用在需要打破习惯性思维，需要创新的场合。头脑风暴法有以下四个要点。

第一，鼓励新、奇、特。创新的、奇怪的、甚至是一些很荒诞的观点，越多越好。

第二，严禁批评。在使用头脑风暴法进行讨论问题的时候，任何人不得以任何理由，对别人的观点提出质疑。对别人提出的任何想法都不能批判、不得阻拦。即使自己认为是幼稚的、错误的，甚至是荒诞离奇的设想，亦不得予以驳斥。

第三，"重量不重质"，应当设置多轮发言并且鼓励利用别人的灵感加以想象、变化、组合，以激发更多更新的灵感。头脑风暴法的重点在于互相启发，创造出思维的火花，让大家的想法更加别具一格，有所突破。因此，每一个人在听完别人的发言之后，一定要提出自己的新观点，要给每个人多轮发言的机会。

第四，主持人要特别善于调动大家的情绪。要使大家一直处于高度兴奋的状态，这一点是最重要、最关键的。通常情况下，一个人处于冷静、理智状态的时候，很难形成创新的观点，只有处于高度兴奋的状态下，才有可能提出一些打破习惯性思维的观点。因此，主持人要善于调动现场气氛，使大家一直处于活跃与兴奋状态，以此来促进参会者思维的活跃。

-------------------➤

知识链接

◎亚历克斯·法克尼·奥斯本（Alex Faickney Osborn，1888～1966），创造学和创造工程之父、头脑风暴法的发明人，美国 BBDO 广告公司创始人、前 BBDO 公司副经理，是美国著名的创意思维大师，创设了美国创造教育基金会，开创了每年一度的创造性解决问题讲习会，并任第一任主席，他的许多创意思维模式已成为家喻户晓的常有方式。所著《创造性想象》的销量曾一度超过圣经的销量。20世纪40年代，亚历克斯·法克尼·奥斯本在其公司发起创新研讨。

◎名言：想象力是人类能力的试金石，人类正是依靠想象力征服世界。

资料来源：维基百科（https：//wiki. mbalib. com/wiki/亚历克斯·奥斯本）

头脑风暴法的一种具体操作流程如下。

首先物色好一批专家，比如选择 8 位专家，在讨论会之前，把要讨论的问题先发给这 8 个专家，并请他们各自拿出一套方案。到了开会那天，要将会场氛围布置得热烈活跃，使每个人一到会场就会感到很兴奋。先将专家带来的方案收集上来。调动大家的情绪，使大家处于一种高度兴奋的状态，再一一宣布 8 位专家带来的 8 套方案。

这些方案是谁提出的要保密，避免大家受到权威意见的影响。同时，要求大家在听完这 8 套方案之后，必须拿出第二套方案。专家们不仅很兴奋，而且也很紧张，在听别人方案的过程中，专家们可能受到启发，拿出第二套方案。

第一轮 8 套方案宣布之后，将专家第二轮方案收集上来，再次调动大家的情绪，使大家再次处于高度兴奋的状态，再一一宣布第二轮的 8 套方案，同时要求大家听完第二轮方案后，拿出第三套方案。

如此进行五轮，就会有 40 套方案，这 40 套方案都是大家在高度兴奋的状态下，听取别人方案后所提出来的，一些打破习惯性思维的方案极有可能就此产生。

最终选择哪一套方案呢？由于专家们都处于高度兴奋状态，先不做决策。在专家休息几天之后，重新召集专家开会，不再对会场进行热烈的布置，也不再调动大家情绪，把 40 套方案公布出来，对这些方案的提出者保密，避免大家受到权威意见的影响。请各位专家在冷静、理智的状态下，从这 40 套方案中挑出一套更具有操作性的方案，作为最终的决策结果。

可以看出，头脑风暴法包括两个阶段：第一阶段，请专家在头脑"发热"的过程中，拿出有创意、打破习惯性思维的方案；第二阶段，请专家在冷静、理智的状态下，从这些有创意的方案中挑出一套更具有操作性的方案。

回到本节开始的"困惑与思考"：为什么德尔菲法可以解决王兵所在部门"群体思维"的困局？

"群体思维"形成的一个重要原因就是群体中的个体不愿意去破坏群体凝聚力，容易形成一种"从众"现象，凝聚力越高的团体，这种现象越明显。由于王兵所在部门过于"团结"，内部成员为了不破坏这份"团结"，有异议却不发声，大家都不愿意成为逆团队的那个人，因此出现了"群体思维"。

德尔菲法的匿名性很好地隐去了团队成员的从众压力，让团队成员敢于提出与大家不同的方案。一方面让团队不至于陷入寻求一致的自我催眠，另一方面确保了团队成员思维的开阔与提案的多样性。除此之外，德尔菲法多轮反馈的特点，可以使得各种提案在一轮又一轮的反馈中反复推敲，所提出的方案可以从头到尾多次被所有成员多轮检查，最后形成的方案往往更具有合理性。

- - - - - - - - - - - - - - - - - - ▶

思考与研讨

邓鹏是某广告公司的策划部主管。每个客户的订单，邓鹏都会安排两位策划各出一套方案，由客户选择其中更加满意的一套方案。但最近总有客户抱怨，要么说策划毫无新意，要么说两份策划趋同很严重。

邓鹏经过观察后发现，并不是大家有意在偷懒，而是大家做过的策划多了，思维容易形成固定模式，做策划时难免会照搬之前的方案。

请大家思考：广告公司可以应用怎样的方法来解决策划中的思维"枯竭"问题？

【释疑解惑】

根据材料中广告公司目前的情况来看，可以应用"头脑风暴法"解决该公司广告策划者思维"枯竭"的问题。让大家在舒适的氛围中开展充分的讨论，各抒己见，畅所欲言，并将大家的新想法都记录下来。公司通过"头脑风暴法"不仅仅可以收获一批新的策划方案，员工在讨论过程中也会打开自己的思路，使广告策划变得更加有创意。

（更多分析观点，请关注本课程"学习平台"的互动讨论区）

3.2 群体效应：群体行为的四种效应

3.2.1 理智还是盲从？——你是那只"绵羊"吗？

困惑与思考

张洪是一家中外合资企业的总经理，2020 年初，中国新冠肺炎疫情得到有效控制后，公司便开始复工。他希望复工后，员工能够继续佩戴口罩。由于公司有许多外籍员工，张洪担心如果直接下达佩戴口罩的指令，由于中外文化、价值观等方面的差异，外籍员工虽然表面遵从，但是内心抗拒，从而可能会导致公司员工凝聚力下降。

张洪并没有在公司直接下达要求全体员工戴口罩的指令，而是私下要求所有中国员工上班期间必须戴上口罩。最初公司里只有中国员工戴口罩，后来陆续有外籍员工也戴起了口罩，最后几乎全体员工都戴上了口罩。

▶▶**思考题**：为什么最初外籍员工并没有佩戴口罩，但最后也戴了呢？

一个人的行为往往会受到来自群体方面因素的影响，其行为表现与个体独处时是不一样的。美国学者库尔特·勒温（Kurt Lewin）提出了"群体动力理论"，该理论认为一个人的行为（B）是个体内在需要（P）和环境外力（E）相互作用的结果，可以用公式 B = f(P, E) 来表示。在群体中的个人行为取决于内部需要的力场和群体情境的力场的相互作用，并将呈现出一些新的特征，这就是群体带来的效应。"群体效应"是多方面的，这里主要介绍"行为从众性"。相信大家都听说过"羊群效应"，羊群平时"自由散漫"，一旦有领头羊"引领方向"，其他的羊就会不假思索地盲目跟进。

知识链接

◎库尔特·勒温（Kurt Lewin，1890~1947），德裔美国心理学家，拓扑心理学创始人，实验社会心理学先驱，格式塔心理学的后期代表人，传播学奠基人之一。他是现代社会心理学、组织心理学和应用心理学的创始人，常被称为"社会心理学之父"，最早研究群体动力学和组织发展，对现代心理学在理论与实践上都有巨大的贡献。

他的许多术语（抱负水平、生活空间、障碍因素、向量，等等）已经变成心理学语言的一部分。

资料来源：维基百科（https：//baike.baidu.com/item/库尔特·勒温）

＜- - - - - - - - - - - - - - - - - -

在现实生活中，人们的日常行为经常能体现出"羊群效应"。例如，购物时盲目跟风；开会举手表决时，跟随多数人一起举手；办公室里很多人在聊天，原本埋头工作的人也会加入聊天者的行列等。

群体中的这种"羊群效应"，被称为"行为从众性"。行为从众性是个体在群体的引导或压力之下，观念或行为朝向与多数人相一致的方向变化的特性。

人们为什么容易产生行为从众性呢？目前有两种解释获得了大多数学者的认同。

一种解释是偏离焦虑。偏离群体、标新立异的做法常常会使人面临群体的压力甚至遭受惩罚。无论是文化观念还是历史上的先例，都使人们认识到了这一点。因此，当一个人的行为偏离群体时，常常会使他感到孤立、不安和恐惧，这就是偏离焦虑。为了克服偏离群体带来的焦虑，个体就会倾向于做出与群体一致的行为反应。研究表明，群体总是喜欢接受与群体一致的成员，厌恶、拒绝，甚至制裁偏离群体的成员。

另一种解释是行为参照。"社会比较"理论认为，在情境不确定的情况下，其他人的行为最具有参照价值。多数人一致的行为往往构成了一个可靠的参照系统，人们依据这个参照系统做出自己的行为表现，这就是从众。

从众行为有四种不同的表现形式。

第一种：内心和行为都从众。不仅外显行为上与群体保持一致，内心看法也认同群体。

第二种：内心从众，行为不从众。虽然内心赞成群体的意见，但出于一些原因，在外显行为上却表现出不从众，这是一种身不由己的现象。

第三种：内心不从众，行为从众。虽然内心并不赞成群体的意见，但迫于形势或者考虑到不从众可能招致的社会性排斥或是惩罚，还是选择行为的从众。

第四种：内心不从众，行为也不从众。处于这种状态的个体内心和行为是一致的，但是，这种不从众有可能遭到群体的排斥和打击。

为什么有的人容易从众，而有的人不容易从众？为什么有的情境中容易产生从众现象，而有的情境中则不容易发生从众现象？影响从众行为的因素有哪些呢？

大量的研究表明，影响从众的因素主要有群体、情境和个人三方面。

情境因素是指不同的情境会影响人们的从众行为。比如，人们更容易对模棱两可的刺激物表现出从众反应。个人因素是指不同的人的从众程度是不一样的。比如，一般来说女性比男性更容易从众，儿童和青少年比成人更容易从众。

这里我们重点介绍影响从众行为的群体因素。群体因素包括群体的规模、群体的一致性、群体的凝聚力和个体在群体中的地位。

第一，群体的规模与从众行为息息相关。如果只有两个人反对你，你很可能会坚持自己的意见；而如果有一百个人反对你，你多半会内心不安，最终从众了事。一般来说，群体规模越大，持有一致意见或采取一致行为的人数越多，则个体所感到的心理压力就越大，也就越容易从众。

第二，群体的一致性能够影响人们的判断，并进一步影响到从众心理。

社会心理学家阿希（Solomon E. Asch）做过一个实验，他把被试人员组成一个小群体，要求他们比较两张卡片。如图 3-1 所示：一张卡片上有 1 条直线，另一张卡片上有 3 条直线，3 条直线的长度明显不同，其中有 1 条线和第一张卡片上的直线长度相同。

从众实验的资料来源：http：//wiki. mbalib. com/wiki/从众实验。

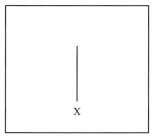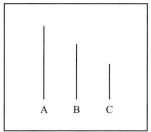

图 3-1　阿希实验

阿希事先与一部分成员串通好，让他们在实验过程中故意做出错误回答。比如，他让这些成员故意说第二张纸片的 A 与第一张纸片中的 X 长度相同，并且将这些人安排在前面回答问题，将另一部分成员（不知情的被试）安排在最后回答。多次实验结果表明，大约有 35％的不知情被试会选择与群体中其他成员保持一致，做出错误的回答。

第三，群体凝聚力影响从众心理。群体的凝聚力越强，群体成员之间的依恋性及对群体规范和标准的从众倾向也越强，个体会为了群体的利益而与群体意见保持一致。

第四，个体在群体中的地位影响从众行为。个体在群体中地位越高，越有权威性，就越不容易屈服于群体的压力。一般来说，地位高的成员经验丰富、资历较深、能力较强、信息较多，能够赢得低地位者的信赖，他们的看法和意见能对群体产生较大影响，并使处于较低地位者屈从，而地位低的成员则不可能影响高地位者。

回到本节开始的"困惑与思考"：为什么最初外籍员工没有佩戴口罩，但最后戴了呢？

由于文化等方面的差异，如果直接下达戴口罩命令的话，外籍员工可能会表面遵从公司的指令，但内心却是抗拒的，从而有可能导致员工凝聚力下降等负面影响。张洪总经理私下要求所有中国员工在上班期间佩戴口罩，营造出一个人人参与防疫的大环境，这就是利用了本节所讲的"羊群效应"。人们为了维护在集体中的地位，确认自己融入集体，往往会无意识地表现出和其他人一样或相似的行为。当外籍员工周围的人都佩戴口罩时，其他人的一致行动对这些外籍员工产生了参照系统，使得他们在不知不觉中产生了从众行为。其次，当外籍员工群体中有人开始佩戴口罩时，他们谈论起有关口罩的话题有可能会让不佩戴的人难以参与，于是不佩戴口罩的人就会产生偏离焦虑。这种情况也会驱使他们跟随大家一起戴口罩。

在管理工作中，当管理者想要推行某些新规定，又不方便硬性要求员工时，可以利用"羊群效应"的影响达到目的。

利用羊群效应也是一些商家的常用手段。例如，一些商贩雇佣"托"进行促销，诱导更多的人购买；在许多餐厅门口都会摆放椅子，有时人们并不是来餐厅用餐排队，而是在椅子上休息，路过的人可能会产生"这家店很火爆"的错觉；有时你走进一家餐厅，里面还有许多空位，但服务员通常会把你往靠窗的位置引导，其实也是希望给路过的人营造出一种餐厅里用餐的人很多的错觉，从而吸引路人来消费。这些情景都利用了"羊群效应"所带来的从众行为。

此外，许多商家通过"发朋友圈送礼物"和"朋友圈集赞打折"等方式宣传自己的产品，其实也是运用了人们的从众心理。试想，如果你在刷朋友圈时经常看到某商品，你会不会产生去了解它的想法？在街上遇到该产品时会不会为它多停留一会儿？如此一来，商家的推销目的也就达到了。

- - - - - - - - - - - - - - - ➤

思考与研讨

假如你是一名刚毕业的大学生，回到家乡创业。你的家乡山清水秀，种植出来的大米绿色健康。你成立公司想要推广这种大米，可是由于市面上大米质量良莠不齐，中国老百姓难辨真伪，都倾向于选择知名大众品牌，所以你一直很难打开市场。

请结合你个人工作或生活中的实例，说说如何利用本节课的内容来推广有机大米，提高客流量。

【释疑解惑】

可以利用"行为从众性"做社群营销，利用抖音、快手等平台做视频内容，比如有机大米的产地溯源等，呈现家乡的山清水秀和种植出来的大米绿色健康等场景，解决老百姓面对大米质量良莠不齐、难辨真伪的痛点。与此同时，建立小区的社区服务群，发布有机大米的售卖信息，转发信息者可获赠二斤大米，这样做较容易在老年人中促成交易与转发，并产生裂变式传播效应。

通过这些方式，可以让更多消费者在不知道选择什么大米的时候有行为参照，从而达到一定的群体规模和群体的一致性，最终发挥群体的"羊群效应"。

（更多分析观点，请关注本课程"学习平台"的互动讨论区）

3.2.2 助长还是抑制？——所谓"人来疯"？

困惑与思考

大家一定都注意到，在平时的学习或工作中，有时有他人在场的时候，我们为了在别人面前表现自己，往往会超水平发挥；但还有的时候，由于太在意他人的看法导致自己很紧张，可能还不如平时自己独处时的表现。自己一个人跑步的时候总是觉得很累，难以坚持，但如果约着同学一起跑步的时候，会觉得跑步变得更加轻松；监考老师在学生做题时巡视考场，如果在考生身边走来走去，甚至看考生答题，就会影响考生的做题效率。

▶▶ 思考题：在别人在场的情况下，为什么有时个人的绩效会提高，而有时却会下降呢？

1898年，美国心理学家诺曼·特里普利特（Norman Triplett）做过一项实验。他让被试人员在三种情况下骑车完成40千米的路程：第一种情况，单独骑行；第二种情况，让一个人跑步伴随；第三种情况，与其他人竞赛。

结果发现，单独骑行，平均时速为38.6千米；有人伴跑，时速为 50 千米；与他人竞赛，时速为 52.3 千米。

随后，特里普利特又设计了儿童绕线圈活动对这种现象进行研究，结果发现，儿童和大家一起绕线圈时的速度比自己单独绕圈时更快。于是，特里普利特就把这种个体完成某种活动时，由于他人在场或与他人一起活动而造成行为效率提高的现象叫作"社会助长"，也称"社会促进"。

"社会助长"包括结伴效应和观众效应两种。结伴效应指的是，在结伴活动中，个体会感到某种社会比较的压力，从而提高工作或活动效率；观众效应是指，当个体从事活动时，是否有观众在场，观众多少及观众的表现，对其活动效率有明显的影响。

人们并不总是受到"社会助长"的影响。在特里普利特的实验之后，其他研究者也开始着手研究他人在场对任务结果的影响，但有时却会有相反的结论。例如，美国学者弗劳德·亨利·奥尔波特（Floyd Henry Allport）在哈佛大学心理实验室进行了一系列类似实验，有时能够得到和特里普利特相似的结论，有时则发现当他人在场时，被试表现得更加糟糕。学者们将这种个体完成某种活动时，由于他人在场或与他人一起活动而造成行为效率下降的现象叫作"社会抑制"。

- - - - - - - - - - - - - - - - - - ➤

知识链接

◎弗劳德·亨利·奥尔波特（Floyd Henry Allport，1890～1978），美国心理学家，实验社会心理学创始人之一。生于威斯康星州的密尔沃基市，逝于纽约州的锡拉丘兹。

◎奥尔波特对社会心理学最著名的贡献之一是与行为相一致的 J

曲线假设，在这一假设里，机构的标准和人格的标准并非一致。他率先研究了态度的发展，这是一个极受欢迎的领域。他抨击了诸如"群体精神"那样的虚构群体，以及赋予整个群体他们自己的人格和归因的谬见。

资料来源：https：//wiki. mbalib. com/wiki/弗劳德·亨利·奥尔波特

在群体情境中，人们为什么会产生"社会助长"与"社会抑制"这两种相反的作用？美国社会心理学家扎琼克（R. Zajonc）于1965年提出了内驱力理论。

内驱力通常被认为是机体内部的一种紧张状态，这种紧张会唤起个体比较高的兴奋状态，激发人们的竞争和被评价意识。弗里德曼（Freedman）等人在1981年后对"社会助长"与"社会抑制"的作用开展了进一步研究，并进行了解释。弗里德曼认为，人们在社会化过程中，已经学会了将社会环境当作竞争情境看待。因此，当他人在场或与他们一起活动时，个体的行为就变成了由高度自我意识支配的自我表现过程，个体希望获得积极的社会评价，于是就会在不知不觉中鼓足干劲，把事情做得又快又好。在这种情况下，个体更容易表现出高绩效。这就是"社会助长"作用的原理。

如果个体的内驱力过强，特别在意别人的评价，产生了评价顾虑，就有可能激发个体过高的焦虑，使个体正常的思维活动受到干扰，绩效水平下降，这就产生了"社会抑制"作用。例如，有的时候人在群体中发言时会怯场，原来准备好的一些话也忘记了，或者语无伦次。

通常来说，这两种作用与工作任务和个性心理特征有关。那些从事简单熟悉、轻而易举就能完成工作任务的人容易受到"社会助长"心理的影响。而从事复杂且有难度工作任务的人，容易受到"社会抑制"心理的影响。有的人个性特点比较内向拘谨，在别人面前表现得不自在，行为效果会下降。而有些人个性特点比较外向，在别人面前所表现出的行为效果通常会更好。

现在，回到本节开始的"困惑与思考"。

跑步属于比较简单、十分熟悉的运动。有人和你一起跑步时，会激发结伴效应，你会产生不服输的心理，从而激发你提高绩效；同时也会激发观众效应，你会觉得有人在看着你，会忍不住想要表现自己，从而也会刺激你提高绩效。

而学生考试不像跑步一样易于完成；其次，学生的考试成绩可能会告诉父母。面对这些情况，学生会更加在意别人的评价，从而产生焦虑情绪，导致成绩下降。这也是有些同学平时成绩优秀，却在高考中失利的原因。

"社会助长"和"社会抑制"这两种现象对企业管理工作有着重要的启示意义。

第一，管理者要注意活动的性质对员工的影响。研究发现，当员工面临的工作任务是简单的操作或者员工对这项工作任务非常熟练时，群体工作场景对该员工起到的作用通常是"社会助长"作用，而当员工面临一些需要复杂思维、判断的任务或者个体对这项任务不熟悉时，群体工作场景对他的影响通常表现为社会抑制作用。

第二，管理者要注意活动的情境对员工的影响。研究发现，活动中如有重要人物、熟悉人物在场，就可能产生"社会助长"或"社会抑制"现象。当人们为了保护自尊心，希望有良好的表现时，往往会超水平发挥，产生"社会助长"现象；如果人们过于紧张，心态失衡，则会产生"社会抑制"效应。所以，领导者应该注意多表扬员工的进步，不过分指责员工的失误，避免员工由于太在意他人的看法导致工作效率降低。

第三，管理者要注意活动结果的评价对员工的影响。一项活动如果事后要进行评价并与奖惩紧密结合，就容易产生"社会助长"或"社会抑制"现象。竞赛性质过强，往往易于产生抑制现象，竞赛程度适中，则容易产生助长现象。管理者要把握好员工之间的竞赛氛围和尺度。

第四，管理者要注意"社会助长"和"社会抑制"也与一个人的个人特质有关。有的人喜好安静，不合群，人多时会显得紧张局促，易产生"社会抑制"；而有的人俗称"人来疯"，人多时更善于表现自己，就会出现"社会助长"。所以，管理者要针对不同的员工个性采取不同的措施。

------------------►

思考与研讨

如果你的公司旗下业务广泛，包括健身房、文化课补习班、艺术培训班、化学实验室和钢铁厂。现在你出于提高员工工作绩效的目的，考虑给某些工作场地装上监控设备，你会选择在哪些地方装上监控呢？请给出你的理由。

【释疑解惑】

装监控设备是为了利用"观众效应"提高员工工作效率。观众效应认为，当人们从事简单熟悉的工作的时候，较为容易受到"社会助长"心理的影响，而当人们从事复杂有难度的工作时，较易受

"社会抑制"心理的影响。因此，我们应该根据工作难度来判断哪些工作场所适宜安装监控设备。

健身房和艺术培训班属于轻松、简单的环境，钢铁厂属于工作简单重复、不复杂的工作环境。在这些工作环境安装监控设备作为"聚光灯"，可以使人产生竞争的心理，想要表现得更好以获得他人赞赏，这种内驱力会使人处于兴奋状态，从而实现"社会助长"并提高工作绩效。

文化补习班的工作相对复杂，每天教学的内容都是不同的，如果装上监控，会让员工过度在意别人的评价，形成"社会抑制"效应。化学实验室是一个需要高度专注的地方，且大多数科研人员性格内向，不希望被过多关注，装上监控可能会形成"社会抑制"效应。因此，文化课补习班、化学实验室不宜安装监控。

（更多分析观点，请关注本课程"学习平台"的互动讨论区）

3.2.3　三个和尚没水喝——社会惰化

困惑与思考

陈明是一家保险公司高管，公司最近推出了一种新的保险产品，但是销售额并不理想。他便召集了 10 名中层管理人员来开会，希望听听大家对这种产品有哪些改进意见。陈明让大家畅所欲言，但大家提出的都是一些无关痛痒的问题，没有达到会议预期的效果。

于是，陈明要求他们散会之后，必须根据各自负责的业务范围，提出针对该产品的改进方案。没有想到的是，提交上来的方案有了很多的亮点和可取之处。

▶▶ **思考题**：为什么有时候集体讨论的效果，还不如个体独立思考的效果好？

◀-------------------

有一种观点认为，一个具有共同利益的群体，一定会为实现这个共同利益而采取集体行动。但是心理学的研究却发现，现实往往并非如此。

20 世纪 20 年代末，法国心理学家马克西米利安·瑞格尔曼（Maximilien Ringelmann）在拉绳实验中，比较了个人绩效和群体绩效。他原来认为，群体绩效会等于个人绩效的总和，也就是说，3 个人一起拉绳的拉力是 1 个人单独拉绳时的 3 倍；8 个人一起拉绳的拉力是 1 个人单独拉绳时的 8 倍。但是，研究结果没有证实他的期望。3 人群体产生的拉力只是 1 个人拉力的 2.5 倍，8 人群体产生的拉力还不到 1 个人拉力的 4 倍。

瑞格尔曼将群体中出现的这种现象，称为"社会惰化"现象。它指的是群体中较为普遍存在的这样一种倾向：当人们在群体中工作时，不如单独工作时努力，而且随着群体规模的增大，个人的努力程度会降低。人们常说："一个和尚挑水喝，两个和尚抬水喝，三个和尚没水喝"，就是指的这种"社会惰化"现象。

经济学中有一个词叫作"搭便车"，也是指的这种"社会惰化"现象。在企业里，有积极主动的员工，就有喜欢偷懒的员工。一个任务布置下去之后，往往会存在着"搭便车"的现象——有些人总是期待着共享别人的劳动成果。当一个积极主动的员工主动承担大部分任务之后，其他员工就可以免费享受由此带来的好处。

"社会惰化"现象产生的原因主要有以下三个。

一是贡献识别方面的原因。在群体工作环境下，如果识别的结果只是整个群体的工作成绩，个体所做的努力不被识别，个人投入与群体产出之间的关系就很模糊。个体在这种情况下就成了可以不对自己行为负责任的人，就会降低工作时所付出的努力。社会惰化现象的产生就是由于集体中个体贡献不可识别。南郭先生能够滥竽充数也是这个道理。

二是社会认知方面的原因。在群体工作环境下，群体成员可能会认为其他人没有尽到应尽的职责，觉得其他人可能会偷懒，所以自己也就开始偷懒了，从而使自己的努力下降，这样才觉得公平。

三是文化维度的原因。美国学者威廉·加布伦亚（William Ga-brenya）通过文化维度的问卷调查发现，大多数中国学生是集体主义者，而大多数美国学生是个人主义者。为验证这个问卷调查结果，加布伦亚邀请来自中国和美国的学生开展了一项"分贝发声值"的实验。

- - - - - - - - - - - - - - - - - ->

知识链接

◎马克西米利安·瑞格尔曼（Maximilien Ringelmann，1861～1931），法国农业工程和农艺工程学教授，他的兴趣广泛，曾发明瑞格尔曼量表，该量表现今仍用于测量烟雾。他通过"拉绳试验"发现当人们在群体中工作时，不如单独工作时努力，证明诸如"众人拾柴火焰高""人多好办事""人多力量大"一类说法也有例外，启发了社会心理学界对"社会惰化"的研究。在人力资源管理中，如果忽视这种"例外"，就必然会造成人力物力的浪费。

资料来源：MBA智库（https：//wiki. mbalib. com/wiki/拉绳试验）

<- - - - - - - - - - - - - - - -

第一轮实验是单人实验，他让受试者在分贝测量仪面前尽最大努力拍手和叫喊。实验表明美国学生组所测得的分贝要高于中国学生组。第二轮实验是"伪集体"实验，他让被试在一个"伪集体"环境下尽最大努力拍手和叫喊，被试被告知自己处于"集体"之中，自己的个人分贝不可计量，但实际上个人分贝是可以被计量的。实验表明，美国学生组所测得的分贝低于中国学生组，表现出明显的社会惰化现象。由此可以看出，社会惰化与文化是高度相关的，信奉个人主义的群体更容易出现社会惰化问题。

如何有效地避免社会惰化现象呢？从"隐恶扬善"的角度出发，做到以下两点可以有效抑制社会惰化现象。

首先，应该使群体中每个个体的贡献可识别化。当个体的贡献能够被识别时，个体就保持了足够的被评价焦虑，行为动机就可以得到激发。在前面提到的分贝实验中，当个体分贝可计量时，美国学生十分努力，一旦他们以为自己的分贝不能被单独计量后，便开始偷懒了。

在管理工作中，管理者不仅要公布群体的绩效，也要公布每一位成员的绩效。这样做有两个作用：一是使得个体员工知道自己的工作在被监控且可以被评价；二是帮助个体员工认识到他人的工作成绩，让他们明白不仅只有自己在努力工作，他人也在为了公司绩效而努力奋斗。

其次，要控制群体规模。不能将一个群体扩张得太大。如果是一个大群体，管理者可以将其分成几个小规模的群体，使得个体员工可以接收到外部的影响力。

上述两个方案可以解决社会惰化过程中的"隐恶"，即抑制偷懒。如果要达到"扬善"，即刺激绩效的目的，还需要做到以下两点。

第一，管理者应设法使个体员工认为工作任务重要且有意义。当人们从事非常重要的任务时，社会惰化的可能性会减小。

设想一下，如果在上述分贝实验中，将分贝大小的测量改成"在规定时间内尽可能多地为儿童医院生病的孩子们吹气球"，实验者可能会因为"为生病的孩子吹气球"比"单纯制造分贝"更有意义、更重要，从而不会产生明显的社会惰化问题。

因此，在企业管理中，管理者需要告诉员工，他们的工作十分重要。通过让个体员工看到他的贡献是唯一的、不可为他人所替代的，即确保个体员工贡献的独特价值，来增强员工的责任心，让员工获得职业与成就的自豪感，从而降低社会惰化现象。

第二，管理者不但要奖励群体的贡献，也要奖励个体的贡献。这样，既能促使员工一致地为群体的目标努力，也能提高个体的努力程度。值得注意的是，如果管理者仅仅奖励个体的贡献而忽视对群体贡献的奖励就会出现问题：个体员工为了得到更大绩效而拼命表现自己，相互仇视。由于组织原则上对个体员工的个人贡献给予奖励，就会变相鼓励个体员工变得只注重局部而忽视整体。所以，对于奖励个体和奖励群体而言，两手都要抓，两手都要硬。

回到本节开始的"困惑与思考"：为什么有时候集体讨论的效果还不如个体独立思考的效果？这是因为开会时，这 10 名中层管理产生了"社会惰化"现象，他们可能会产生这样的想法：这么多人，即便我不说，别人也会说。如果大家都这样想，最终就很可能导致大家都不用心提建议。

陈明要求每位中层管理干部散会后，根据自己所负责的业务范围提出改进方案，此时任务精准落实到个人。中层管理者们认为这是上司对自己的考核，能否让上司满意，将涉及自己在上司心目中的地位，甚至影响以后的升职加薪，此时便可以有效地避免"社会惰化"现象的产生。

------------------------->

思考与研讨

王红最近被任命为一家分公司的总经理。王红发现，这家分公司的做法是每月都给个人业绩进行排名并对外公布。表面上看，达到了对员工激励的效果，但同时在公司出现了另一种现象：个体员工变得只注重局部而忽视整体，甚至相互拆台。

如何解决这个难题呢？请提出具体可行的方案。

【释疑解惑】

王红所在公司每月公布个人业绩排名，表面看起来达到了激励作用，但极易引导员工只看重个人业绩而忽视团队业绩，甚至为了拼个人业绩而引起员工之间的恶性竞争。

要解决这个难题，可以将员工分成若干团队，设置团队奖励，使员工增强团队意识。需要注意的是，如果仅仅只对团队业绩进行考核，又容易出现"社会惰化"现象，这种现象是指当人们在群体中工作时，不如单独工作时努力，而且随着群体规模的增大，个人的努力程度会降低。因此，在团队内部也要进行个人业绩考核，可以将个人绩效分成个人工作表现和团队贡献两个部分，按照每个员工的职位和工作性质来合理分配两者比例，在鼓励员工凸显个人绩效的同时，不能忘记同团队其他成员的配合。

（更多分析观点，请关注本课程"学习平台"的互动讨论区）

<----------------------

3.2.4 高凝聚力有"毒"？——群体凝聚力与生产效率

- - - - - - - - - - - - - - - - - →

困惑与思考

董坚是公司的一位高管，在参加一个培训班过程中，老师讲到这样一个观点：要提高竞争力，首先必须高度重视凝聚力建设。

董坚表示并不完全认同老师的这个观点，他提到了所在公司有两个部门，A 部门看上去内部凝聚力一般，员工下班后基本不串门，部门也很少组织团建活动；B 部门看上去则内部凝聚力特别强，员工下班后会相互串门，部门经常会组织团建活动。

最近公司将 A、B 两个部门明年的工作目标都提高了 20%，A 部门员工虽然有些不同意见，但最后都接受了新的工作目标；B 部门员工却一致抵制公司所下达的新的工作目标，致使公司面临很尴尬的局面。

董坚认为，一个部门适度的凝聚力是非常必要的，但是过度的凝聚力则有可能阻碍公司的发展。

▶▶ **思考题**：你赞同董坚的观点吗？高凝聚力难道有"毒"？

- - - - - - - - - - - - - - - - - -

群体凝聚力，又称群体内聚力，它是指对群体成员施加各种影响，使之在群体内积极活动和拒绝离开群体的全部力量的总和。群体凝聚力包括"群体对成员的吸引力"和"成员与成员之间的吸引力"两个方面。

高凝聚力的群体，存在一些基本特征，如：成员间信息沟通快，信息交流较为频繁。如果一条新的消息发布后，一个群体的每个成员很快知道了这个消息，就基本可以断定这是一个高凝聚力群体。如果经过很长时间，某个群体仍然有不少成员不知道这条消息，那就基本可以判定这是一个弱凝聚力群体。再如，高凝聚力群体成员有较强的归属感，对所属群体有着强烈的担当精神，愿意承担更多的任务和责任。

电视剧《亮剑》中的李云龙独立团，只要一有战斗任务，大家都争先恐后冲到最前线，越是危险的任务，大家越愿意承担，李云龙团队就是一个典型的高凝聚力群体。

打造一个高凝聚力群体，要重视培养群体成员的归属感。"经营之神"松下电器公司的松下幸之助为了培养员工对团队的归属感与自豪感、促进团队的凝聚力，在每年正月的一天，带领全体员工，头戴头巾，身着武士上衣，挥舞着旗帜，把货物送出。在目送几百辆货车壮观地驶出厂区的过程中，每一个工人都会产生由衷的自豪感，都为自己是这一团体的成员感到骄傲。

一个群体凝聚力的高低，与群体的领导方式、群体规模、群体成员在一起的时间、加入群体的难度、群体面临的压力等多方面因素密切相关。有这样一个案例，某公司有一项任务下达给了甲、乙两个部门，要求他们各组建一个团队去完成。该项任务对成员的能力并没有特别的要求，但要求成员密切合作。甲部门负责人随机指定了几个员工去完成。乙部门则告诉大家，这是一项重要任务，并不是每个人有资格参加，采取了由员工自主报名，一级一级审批的方式，最后张榜公布入选成员名单。

后来发现，在完成该项任务的过程中，乙部门派去的成员内部凝聚力明显高于甲部门派去的成员。这是为什么呢？

这是因为，乙部门提高了群体加入的难度，乙部门成员加入后，十分珍惜这个机会，并有着强烈的荣誉感，内部凝聚力相对更强。

一般都认为，建设高凝聚力群体，是打造高绩效团队的第一步，高凝聚力的群体通常都可以显示出旺盛的战斗力。正如一个拳头，先握紧，打出去才有战斗力，一个松松垮垮的拳头，用力气打出去，也是没有多少战斗力的。很多人都参加过团队拓展训练，拓展训练安排的第一环节活动就是"破冰游戏"，破冰游戏的目的是打破人与人之间的藩篱，破除心与心之间的"冰"，增进团队的凝聚力，这是建设高绩效团队的前提和基础。

然而，高凝聚力群体不一定都能带来高绩效。组织行为学的研究发现，群体凝聚力与生产效率之间存在两种相反的关系：凝聚力高，可能提高生产效率，也可能降低生产效率。

社会心理学家沙赫特（Stanley Schachter）曾经做过这样一项实验：沙赫特选择了两个凝聚力强的实验组 A 和 B，两个凝聚力弱的实验组 C 和 D，实验一共进行了 32 分钟，分为两个阶段。前 16 分钟，4 个组均没有施加诱导，都是在自然条件下进行工作，4 个小组在这 16 分钟表现出来的生产率都很平稳。后 16 分钟，对 A、B、C、D 四个小组施加了不同的诱导，对 A、C 两组均施加了积极的诱导，对 B、D 两组则施加了消极的诱导。实验结果发现，强凝聚力 A 组在正诱导下，生产率明显上升，强凝聚力 B 组在负诱导下，生产率则明显下降。然而，弱凝聚力 C 组在正诱导下，生产率仅仅只是小幅度上升，弱凝聚力 D 组在负诱导下，生产率只是小幅度下降。

从这个实验可以看出，对于高凝聚力的群体，如果施加了积极诱导，就可以提高生产效率，如果施加了消极诱导，则生产效率会明显下降，也就是出现高凝聚"有毒"的情况。而对于弱凝聚力群体，无论是积极诱导，还是消极诱导，对生产效率影响都不大。这个实验至少给我们两点启示：

第一，高凝聚力本身"无毒"，建设高凝聚力群体十分重要，管理措施只对高凝聚力才会产生效果。弱凝聚力群体就像一盘散沙，管理措施是难以产生效果的。

第二，建设高凝聚力群体，只是高效团队建设的第一步，只有施加积极的诱导，才能使高凝聚力群体取得高绩效，从而实现组织目标。

在群体凝聚力与生产效率关系方面，群体目标与组织目标的一致性尤为重要。美国学者斯蒂芬·P. 罗宾斯（Stephen P. Robbins）的研究表明，当一个群体的目标与组织目标不一致时，凝聚力将与生产率之间呈负相关；当群体与组织目标一致时，凝聚力与生产率之间将呈正相关。

例如，一个部门的成员十分团结，是凝聚力较高的群体，但如果这个群体的目标与组织的目标总是不一致，群体的力量没有用在完成组织目标上，反而与组织目标相背离，那么高凝聚力反而会降低生产效率，较高的凝聚力便成为一种"毒"。因此，并不是高凝聚力的群体就一定能创造高效率。群体的目标必须与组织目标相一致，在这种情况下，群体凝聚力与生产效率才会成正比。

------------------->

知识链接

◎松下幸之助（1894~1989），20 世纪实业家、发明家。是日本著名公司松下电器的创始人。创立"终身雇佣制""年功序列"等管理制度，被人称为"经营之神"。

资料来源：MBA 智库（https：//wiki. mbalib. com/wiki/松下幸之助）

◎沙赫特（Stanley Schachter，1922～1997），美国社会心理学家，主要研究兴趣是上瘾和情绪。1969年获美国心理学会颁发的杰出科学贡献奖，1983年当选为美国国家科学院院士。

资料来源：MBA智库（https：//wiki.mbalib.com/wiki/群体凝聚力）

◎斯蒂芬·P.罗宾斯（Stephen P. Robbins）是美国著名的管理学教授，组织行为学的权威。他的研究兴趣集中在组织中的冲突、权威、政治以及有效人际关系技能的开发方面。

资料来源：MBA智库（https：//wiki.mbalib.com/wiki/斯蒂芬·P.罗宾斯）

回到本节开始的"困惑与思考"：董坚的说法正确吗？难道高凝聚力真的"有毒"？

在了解群体凝聚力与生产效率的关系后，我们知道只有当群体目标与组织目标一致时，高凝聚力才会促进生产效率；当群体目标与组织目标不一致时，高凝聚力可能会阻碍生产效率。在这个案例中，董坚提到的A部门凝聚力一般，B部门属于高凝聚力群体。B部门虽然凝聚力强，但是其群体目标与组织目标并不完全一致，这种凝聚力就完全可能演变成组织发展的一种障碍，成为一种"有毒"的凝聚力。"过度的凝聚力会阻碍公司发展"这种说法显然也是不对的。高凝聚力本身"无毒"，建设高凝聚力群体对于打造高绩效团队十分重要，关键是要确保群体目标与组织目标的一致性。这个案例中的A部门，虽然从表面上看接受了组织的新目标，但由于这个部门缺乏凝聚力，未来所表现出来的工作绩效也许不容乐观。

-------------------->

思考与研讨

李华和王鑫是某公司两个班组的组长。李华经常到车间去鼓励督促他的组员提高生产效率，而王鑫却认为李华没有把握管理的关键点，做的是无用之功。王鑫认为，只要把自己班组的团队凝聚力提高了，生产力自然就上来了。

你同意王鑫的想法吗？为什么？

【释疑解惑】

王鑫的观点存在较大的片面性。团队凝聚力是一把"双刃剑"，只有当团队利益与组织利益一致时，才能实现王鑫所说的"生产力自然就上来了"。建设高凝聚力群体只是高效团队建设的第一步，只有施加积极的诱导措施，才能使高凝聚力群体取得高绩效，生产力才能上来。如果没有施加积极诱导措施，高凝聚力就会成为实现组织目标的阻碍。例如，有这么一家公司，团队领导非常注重打造团队凝聚力，经常组织员工聚餐、郊游等活动，员工之间非常融洽，幸福感满满。但是由于缺乏与工作相关的激励措施，员工之间传递的都是个人的幸福感要高于工作的想法，因此高凝聚力反而使"幸福感要高于工作"的理念在团队中更加牢固，导致整体工作业绩不理想。

李华经常深入车间鼓励督促他的组员提高生产效率，其实就是施加积极诱导的一种形式。这种领导方式增加了和群体成员在一起的时间，可以帮助群体缓解压力，并督促群体为了实现一致的目标而共同努力。

总之，只有结合李华和王鑫两个人的做法，才能有效打造高绩效团队，即第一步先提高团队凝聚力，第二步采用积极的诱导措施提高大家的工作热情，从而提高生产效率。

（更多分析观点，请关注本课程"学习平台"的互动讨论区）

-------------------→

3.3 人际沟通：群体行为效能的催化剂

3.3.1 合则生，分则灭？——群体中的人际关系

-------------------→

困惑与思考

孙平大学毕业后，进入一家软件开发公司的设计部，部门负责人给他安排了一位仅有高中学历的同事赵刚做搭档。赵刚是一个热情、肯干的中年人，可就是因为学历的原因，迟迟得不到提拔。眼看着那些没有太多经验的年轻大学生一个个都升迁了，他内心很是不平衡。而对于孙平来说，与这样老资历的前辈在一起工作，他总感到有压力，从而采取了敬而远之的态度，除非是工作的需要才敢与他多说几句话。可就是因为如此，让赵刚产生了一种孙平看不起他的心理。

两人之间逐渐产生了对抗情绪，导致他们小组的工作氛围冷淡，工作效率极低。后来，赵刚向领导提出孙平太过于娇气和傲慢，不能再做搭档。孙平因此被调到了另一个小组。

▶▶**思考题**：是什么导致赵刚和孙平的设计小组工作效率低下？应当如何处理好工作中的人际关系呢？

←-------------------

群体中的人际关系对于组织及其成员都会产生重要影响，主要有三个方面：

其一，人际关系影响组织的气氛和凝聚力。若该组织中的人际关系融洽和谐，成员相互之间能够坦诚沟通和交流，那么该组织的凝聚力就较高；否则，成员相互之间充满着猜忌怀疑，勾心斗角，则该组织的凝聚力就较低，难以形成团队协作能力。

其二，人际关系影响组织成员的工作满意度和幸福感。如果组织中各成员之间互动良好，团结合作，那么此时成员的工作满意度就会更高、幸福感更强，但如果处于冷漠、不和谐的人际关系中，各成员就会表现出更强的自我保护行为，感到压抑痛苦，那么员工的工作满意度和幸福感就会比较低。

其三，人际关系影响组织的工作效率。在一个组织中，工作的有序开展是建立在群体成员之间的沟通和信息交流基础上的，融洽和谐的人际关系将使得各成员之间沟通顺畅。相反，糟糕的人际关系氛围则会在一定程度上阻止信息的沟通传递并阻碍成员之间的合作，此时，该组织的工作效率将大大降低。

有一家分公司，因管理不善而面临倒闭。为了挽救这家分公司，总公司派去了管理经验丰富的赵经理。赵经理到任后，他注意到了几个问题：之前该分公司大幅度缩减员工数量，实行一人一岗，此外，厂房中噪声污染严重，并且由于之前过度强调生产，大幅度压缩了员工一起聚餐、娱乐的时间，这些因素都影响了员工之间的沟通交流，员工之间的矛盾频繁出现，工作的热情和效率也越来越低，更别说通力合作了。

赵经理察觉到这些问题后，采取了一项措施，员工的午餐费都由公司负担，鼓励大家留下来共享午餐，参与团队建设，加强沟通。这项措施实施后，他发现大家在餐桌上经常会就公司目前所面临的问题等提出自己的想法，或将自己发现的问题拿出来和大家一起讨论，商量解决办法。员工们之间的关系亲密了，工作热情也高了，公司的业绩也开始回升。

我们可以看到，其中起着至关重要作用的就是员工之间的人际关系。赵经理的做法实际上给员工创造了一个相互沟通交流的契机和平台，以此建立相互之间的信任，使公司内的人际关系更加和谐。合则生，分则灭。只有大家的劲都往一处使，才能使企业焕发出勃勃生机。

从管理者角度来看，如果能够掌握组织中人际关系的基本状况，就能对提高组织效能产生多方面作用。例如，在任用管理者的时候，具有良好的人际关系，也就是良好的群众基础，这是需要考虑的重要因素之一。

为此，管理学专家相继开发出了一些人际关系测量工具，以便更好地掌握一个组织中人际关系的基本状况。目前，在人际关系测量中应用最为广泛的方法是社会测量法和参照测量法。

美国学者雅各布·莫雷诺（Jacob Levy Moreno）于 1934 年提出了社会测量法。这种方法是通过测量群体中人际吸引的程度来揭示群体中人际关系的状况，主要有以下四个步骤。

（1）明确测量目的。哪些人得到了人们更多的接纳，哪些人形成了小的群体，哪些人更适合做团队领导，等等。

（2）确定测量问题。根据测量目的，设计出一些让大家判断的问题，比如"假如出去春游，你希望和谁分在一组""假如你过生日，你会请谁一起吃饭"，等等。

（3）确定选择方法。一般是让大家给出选择的顺序，比如："我最愿意同谁分在一组""我愿意同谁分在一组""我最不愿意同谁分在一组",等等。

(4)统计分析结果。计算出人际吸引力的水平或团队的凝聚力等指标,也可以将结果画在直观的图表中。

苏联学者彼得洛夫斯基(Marcin Pietrowski)在社会测量法的基础上,提出了参照测量法。该方法用来测量群体中最能发挥作用和最有影响力的人物。彼得洛夫斯基认为,有时在群体中人际关系最好的人,不一定都是群体中最有威信的人,参照测量法可以帮助我们发现群体中真正有威信的人。下面,我们介绍参照测量法的一种实施步骤。

首先,让群体中的成员相互进行书面评价,并将评价意见装入密封的信封内。

其次,告知全体成员,大家可以了解别人是如何评价自己的,只可以选择查看其中3~4人对他的评价,不能查看所有人对自己的评价材料。一般地,每个人都希望看到心目中最有威信、最有见解和最受人尊重与信赖的人的评价材料。

最后,根据大家提名的情况,便可以了解到群体最受人尊重与信赖的人。如果某位成员对他人作出的评价意见,其他成员都特别关注,这个成员无疑是大家心目中"有影响、有分量的人"。这个成员可能不是群体的实际领袖,也可能不是群体中人际关系最好的人,但很可能是在群体中起重要作用并处于群体中心位置的人。

参照测量法隐藏了测量的真实目的,使人们在不知不觉中反映出自己的真实想法,通过这一方法可以找到大家心目中"有影响、有分量的人"。

------------------->

知识链接

◎雅各布·莫雷诺（Jacob Levy Moreno，1889～1974），美国心理学家，心理剧疗法和社会测量法的创始人，集体心理治疗的先驱。

资料来源：https：//www.psychspace.com/psych/viewnews－876

◎彼得罗夫斯基（Marcin Pietrowski），苏联心理学家，心理科学博士，教授。苏联教育科学院通信院院士，副院长。他的主要研究领域是心理学史、社会心理学和个性心理学。因 1970 年前后提出和形成的人际关系活动中介理论得到苏联心理学界的广泛认可，是公认的研究群体和集体问题的专家。

资料来源：www.baiven.com/baike/224/271340.html

◀-------------------

回到本节开始的"困惑与思考"：是什么因素导致赵刚和孙平的设计小组工作效率低下？应当如何处理好工作中的人际关系呢？

研究表明，许多员工把对工作的满意感和工作积极性归因于和同事间关系的好坏。如果工作关系和睦、融洽，工作满意度和工作积极性就会提高。在这个案例中，孙平和同组成员缺乏必要的沟通，而赵刚又过于敏感，因而造成了彼此的误会。小组成员人际关系的不和睦直接导致了团队的工作氛围紧张，工作效率低下。孙平其实可以主动解决他们之间的问题，例如可以适当地称赞对方，经常向对方请教一些需要工作经验的问题，这样可以让赵刚摆脱低学历的阴影，感受到尊重，从而形成良好的人际关系。

-------------------➤

思考与研讨

　　吴兰业务能力很强，是个心直口快的人，在一家大公司工作多年。最近，吴兰跳槽到了一家新公司，担任物流部的主管职务。进入新公司不久，吴兰积极肯干，但是她感觉到新公司的管理水平与她原来所在公司有较大差距。

　　吴兰言语间经常流露出：部门经理没有魄力，不懂管理。吴兰还经常将其他同事的业务能力吐槽一番，认为整个物流部有能力的人不多。为此，吴兰向公司提出了许多合理化建议。

　　物流部本来人际关系很和谐，但自从吴兰入职后，就开始出现了种种矛盾，工作效率也不如以前了。

　　不久，人力资源经理找到吴兰谈话，并将其劝退。

　　为什么业务能力很强，并且积极肯干的吴兰会被劝退呢？

　　请结合你个人工作或生活中的实例，参与我们的讨论。

【释疑解惑】

　　群体中的人际关系是组织凝聚力和员工工作幸福感的重要影响因素，只有和谐的人际关系才能帮助组织提高凝聚力、提升员工工作幸福感，使工作更加高效，最终达到企业目标。

　　吴兰初来乍到新公司的物流部并担任主管职务后，第一要务应该是凝聚团队力量，再做部门的业务改善。吴兰毫不避讳地指责部门经理不懂管理，并且言语间流露出对其他同事业务能力的不满，无疑会破坏部门原本和谐的人际关系，从而影响到团队的凝聚力，即使她个人业务能力再强，也无法弥补因为凝聚力缺失而导致的团队工作效率下降。在个人与团队之间，企业无疑应该选择团队。出于对团队整体工作效率的考虑，劝退吴兰是非常有必要的。

（更多分析观点，请关注本课程"学习平台"的互动讨论区）

◀-------------------

3.3.2 完美的人最受欢迎？——人际吸引

-------------------▶

困惑与思考

王迪是一家大型国有企业的部门负责人。他不仅业务能力出众，而且工作严谨，经常独自加班到很晚。他十分希望与部门同事建立良好的感情，遇有同事聚餐等活动，他一次也没有落下，但是每次都特别注重自己作为"部门领导"的形象，从没有发生喝醉失态的情况。应该说，他是大家心目中的"先进领导"。

然而，他明显感觉到，他和部门中的同事很难"热乎"起来，同事们几乎不跟他掏心窝讲话，王迪为此很是苦恼。

有一天同事聚餐，他喝得比较嗨，居然不顾自己作为"领导"的形象，与同事们一起发牢骚，甚至口吐粗话。没有想到，自此之后同事们似乎都将他视为"兄弟"，相比以前安排工作也更顺畅了。

▶▶**思考题：**为什么会出现这种情况？

◀-------------------

在群体工作环境中，每个人都需要与人打交道，创造良好的人际关系，"人际吸引"是影响人际关系的重要因素之一。

所谓人际吸引，就是指人与人之间的相互接纳和喜欢。为什么在人际交往中，我们总是倾向于喜欢一些人，而不喜欢另外一些人呢？研究发现，有些人更容易被别人喜欢，于是就试图寻找他们吸引人的个人特征，这些吸引人的个人特征主要包括外貌、能力、个性特征等方面。那么，请大家思考一个问题：十全十美的人就一定是最有吸引力的人吗？

社会心理学家艾略特·阿伦森（Elliot Aronson）等人曾经做过一个有趣的实验。在实验中，他让大家听四个人参加一个智力测验节目时的录音。第一个人非常优秀，他在所从事的领域取得了辉煌的成就，在节目中也表现出非凡的才能，几乎答对了所有的题目，台下的观众不时为他的精彩表现爆发出阵阵掌声；第二个人也几乎答对了所有的题目，但是在讲话快要结束的时候，这个人不小心将咖啡洒在了自己身上；第三个人与前两位相比，就显得很普通，在整个过程中都没有什么出彩的地方，只答对 30% 的题目；第四个人也是一位很普通的人，也只答对了 30% 的题目，而且由于紧张，也将咖啡洒在了自己的衣服上。这样就有了四种实验条件：（1）能力非凡而且未犯错误的人；（2）能力非凡而犯了错误的人；（3）能力平庸而未犯错误的人；（4）能力平庸而且犯了错误的人。

放完这四段讲话录音后，艾略特·阿伦森（Elliot Aronson）让大家对这四个人的人际吸引力进行评价。实验的结果是：能力非凡而犯了错误的人大家认为是最有吸引力的人，其次是能力非凡而且未犯错误的十全十美的人，最不被喜欢的人是能力平庸又犯了错误的人。

-------------------->

知识链接

◎艾略特·阿伦森（Elliot Aronson），美国社会心理学家，主要研究兴趣是社会影响和态度改变、认知失调、人际吸引等。

◎1975 年，阿伦森因《社会性动物》问世，荣获美国心理学会颁发的国家媒体奖。1994 年，阿伦森荣获美国实验社会心理学学会颁发的杰出科学生涯奖。阿伦森 1999 年获美国心理学会颁发的杰出科学贡献奖，他是第一个在研究、教学和写作三个方面均获得美国心理学会最高奖的心理学家。

资料来源：MBA 智库（https：//wiki. mbalib. com/wiki/阿伦森）

<-------------------

现实生活中存在这样一种奇怪的现象，一些在各个方面都很优秀、几乎十全十美的人通常不那么讨人喜欢，相反，那些虽然很优秀，但是偶尔犯一些小错误的人才是最有吸引力的人。小小的错误反而会使有才能的人更具有吸引力。这种现象在心理学上被称为"犯错误效应"，也称"白璧微瑕效应"。

艾略特·阿伦森的这个实验，其实反映了人们一方面喜欢有才能的人，因为与有才能的人交往提供了一种令人愉快的交往背景；另一方面，具有非凡能力十全十美的人让人感到敬而远之。而如果这样的人犯了一点小错误，则更给人以亲切感，让他人觉得更容易接近，因此也就更加喜欢。所以说，完美的能力在一定的范围内与人际吸引力成正比，而超出了这个范围之外就会成为一种排斥力，使人拒绝和疏远。

"犯错误效应"的另一种解释是人们的自我价值保护。在人际交往中，人们喜欢、接纳支持自己的人，而疏远、排斥否定自己的人，这种现象就是"犯错误效应"的表现。当人们的自我价值受到威胁时，人们往往会竭力维护自己而不是轻易否定自己。如果对方能力超群，那么就会吸引所有人的目光，将使自己显得黯淡无光，沦落成为别人的衬托和配角，大多数人都不喜欢充当"绿叶"的角色。时间久了，人们通常都会感到不适甚至厌烦。但是，如果能力非凡的人偶尔犯一些小错误，这样便会缩小双方的心理距离，也能赢得更多人的喜爱。

回到本节开始的"困惑与思考"：为什么王迪"不顾形象"喝醉以后，同事们和他的关系反而更加亲密了呢？出现这一转变的原因是什么？王迪个人业务能力出众，工作严谨，对于公司来说，他是一个难得的人才；对于同事来说，他是个值得学习和敬佩的优秀领导。但是这样一个近乎完美的人，却并不是很讨大家喜欢。他在喝醉甚至口吐粗话以后，和同事们的关系反而变得更加密切。这一现象便可以用我们所介绍的"犯错误效应"来解释：第一，能力在一定的范围内与人际吸引力成正比，但是王迪的能力太突出，超出了这个范围，便产生了一种排斥力，让同事们感到敬而远之。王迪表现得完美无缺，人们从表面看不到他的任何缺点，反而会让人感觉不真实。当他犯了一些无关紧要的小错误之后，就会给人一种亲切感，让人觉得真实，因此赢得了更多的喜爱。第二，王迪能力非凡，公司里的其他同事与他相比，都变得黯淡无光，成为衬托他的"绿叶"，因此，很多人觉得自身的价值受到了"威胁"。正因为王迪无心的、无关紧要的过错，缩小了与其他人的心理距离，降低了对他人的"威胁"，从而提高了他的人际吸引力。

因此，我们一方面需要先提升自身的能力，使自己成为优秀的人，但不必苛求成为"十全十美"的人，偶尔暴露一点小小的"瑕疵"，可能会给人一种亲切感，使我们受到更多人的喜爱。

值得注意的是，并不是说一个人犯的错误越多，就越能增加人际吸引力，"犯错误效应"的产生是有条件的，即犯错误者是具有非凡才能的人，而且犯的错误都是些可以原谅的、无可厚非的小错误。一个能力平庸的人犯错误，只会降低他在人们心中的好感，就像在艾略特·阿伦森的实验中，能力平庸且又犯了错误的人成为最不受喜爱的人。

------------------>

思考与研讨

唐兵是公司的一位部门负责人，平时总感觉到与部门同事关系存在隔阂，与同事的感情很难"热乎"起来。在公司最近组织的一次"组织行为与管理"课程培训中，唐兵听老师讲到了"犯错误效应"，他似乎"醍醐灌顶"，自言自语地说："原来犯错误还能让人更受欢迎，那我以后可以多犯一些错误"。

唐兵对"犯错误效应"的认识是否全面？如果你是一名主管，你会如何将"犯错误效应"运用到管理工作中？

请结合你个人工作或生活中的实例，参与我们的讨论。

【释疑解惑】

唐兵对"犯错误效应"的理解显是片面的，并不是一个人犯的错误越多，就越能增加人际吸引力。"犯错误效应"产生具有两个前提条件：

一方面，所犯的错误是一些瑕不掩瑜的小错误，偶尔无伤大雅的"错误"可以拉近人与人之间的关系，但是如果唐兵频繁地出现错误，将会使下属认为唐兵自身的能力不足或者存在某方面的缺陷，从而使得下属对唐兵缺乏基本信任。

另一方面，犯错误的人应该是大家认可的"优秀"人物。一些工作能力非凡的"优秀"人物，常常让人感觉到"高冷"，与同事的关系并不亲近。为此，一些聪明的"优秀"人物通常会在平时分享一点自己生活中的"丑事"，或者犯一些无关紧要的常识性错误，大家说说笑笑一番，可以拉近彼此的关系。再如，一些老板会故意暴露自己某些无可厚非的"小错误",其实是一种"难得糊涂",这就是在运用典型的"犯错误效应",这样通常可以让下属意识到上司并不是完美的"工作机器",而是和大家一样的"打工人"。这样做有利于让下属产生亲切感,并形成融洽的同事关系。

(更多分析观点,请关注本课程"学习平台"的互动讨论区)

◀-----------------

3.3.3 多说有益？——群体中的沟通与冲突

-----------------▶

困惑与思考

庄洪在一家公司担任部门经理职务。最近,庄洪得知有一个较大的工程项目即将招标,由于时间紧迫,他便通过电话向总经理简单汇报了投标方案。总经理正忙于手上的公务,说了一句:"好的好的,知道了!"便挂断了电话。庄洪以为总经理默认了他的提议。

放下电话后,庄洪便组织本部门相关人员投入到该项目的投标工作中,但项目最终还是因为准备不充分而化为泡影。总经理听说投标失败后,严厉批评了庄洪。总经理认为庄洪"汇报不详、擅自决策,组织资源运用不当"。

庄洪感到十分委屈,反驳道:"我已经汇报了,是领导重视不够、故意刁难,并且想逃避责任。"

双方不欢而散,从此庄洪与总经理之间便形成了一些隔阂。

▶▶**思考题**：谁更应该为此次事件负责呢？

◀-----------------

沟通,是指将某一信息传递给客体或对象,以期获得客体做出相应反应的过程。

沟通贯穿管理过程的始终。无论是上下级之间、同级之间还是组织与外部环境之间的信息传递和工作开展，都离不开沟通。人们常说：管理中70%以上的问题都是由于沟通不畅带来的，而70%以上的管理问题都可以通过沟通去解决。在组织管理中，沟通就好比人的血脉，假如沟通不畅，就像血管栓塞，将导致严重的后果。

沟通是人们分享信息、思想和情感的过程，被认为是管理者最核心的技能。组织中的每一个成员都应该学会有效沟通。世界上有两件事最难：把别人的钱装进自己的口袋；把自己的思想装进别人的脑袋。由此可见，沟通是需要讲究方法和技巧的。那么，如何提高沟通能力呢？

第一，要把握好沟通的相关环节。

一个完整的沟通过程涉及七个主要环节：沟通主体、编码（即主体采取某种形式来传递信息的内容）、媒介（也就是沟通渠道）、沟通的客体、译码（指客体对接收到的信息所做出的解释和理解）、反应（体现出的沟通效果）、反馈。在沟通过程中，只有把控好这七个环节，才有可能达到良好的沟通效果。由于沟通涉及多个环节，形成了一个较长的链路。链路一旦过去，在链路上的各个环节都容易出现问题，最终问题就会被层层放大，这就是所谓的"沟通漏斗"原理。这个原理指的是，如果一个人心里想的是100%的东西，当你在众人面前、在开会的场合用语言表达心里100%的东西时，这些东西已经漏掉20%了，你说出来的只剩下80%。而这80%的内容在表述过程中，由于沟通环境等因素的影响，沟通对象真正听到的可能只有60%的内容。又由于沟通对象的水平、知识背景的差异，真正被理解、消化的东西大概只有40%的内容。等到这些人去落地执行时，由于每件事情与个人关系的大小、执行的意愿强弱等因素，最后得到执行的只有20％的内容了（如图3-2所示）。

图3-2 "沟通漏斗"原理

第二，要注重沟通中的一些基本要求。

一是要学会运用反馈。管理者在沟通过程中使用反馈手段可以减少一些由于误解所造成的沟通问题。反馈包括言语的和非言语的。例如，"你明白我的意思吗？"就是一种言语反馈，绩效评估、薪金核查等就是非言语的反馈形式。

二是要简化语言。由于语言可能造成沟通障碍，因此应该注意措辞并确保沟通的信息更加清楚。

三是要积极倾听。积极倾听是在沟通中增进理解的互动过程。良好的倾听并不是像录音机一样被动、机械地"听到"，它需要听者付出努力，全神贯注于对方的陈述并做出恰当的回应。持续、主动地倾听某人的讲话，实际上传递了这样的信息：（1）你对他这个人非常感兴趣，认为他的感受很重要，而且尊重他的想法（即使你并不赞同他的想法）。（2）你很重视他的付出，理解他的思想，并且认为他的话值得去聆听。（3）通过你的倾听，能让对方感觉到你的确是一个值得信赖、可以坦诚交流的人。

很多公司的领导习惯"按照我的需求"来进行沟通，以"自我"为中心，而这种方式就很容易产生沟通障碍。积极倾听，在克服沟通障碍中发挥着重要作用，管理者应把握好这个沟通技巧。

四是要选择合适的沟通方式。组织沟通网络分为正式沟通和非正式沟通。正式沟通一般指在组织系统内，依据组织明文规定的原则进行的信息传递和交流，如组织内部的文件传达、组织之间的公函来往等。而非正式沟通是指正式组织途径以外的信息流通过程。非正式沟通的途径非常多并且无定式，如同事之间的交谈，上级私下给员工提出建议，等等。正式沟通严肃正规，约束力强，但比较刻板。而非正式沟通则比较轻松，形式活泼多样，但是所传递的信息通常不确切，容易失真，并且还可能导致小集团、小圈子，影响组织凝聚力。管理者要灵活选择这两种不同的沟通方式。

- - - - - - - - - - - - - - - - - - ▶

知识链接

◎沟通分析理论（transactional analysis，TA）是 20 世纪 60 年代美国心理学家埃里克·伯恩（Eric Berne）创立的一种人格理论。

◎埃里克·伯恩（Eric Berne，1910～1970）是著名的心理学家和心理治疗领域的先驱，于 20 世纪 60 年代创立了 TA 理论用于心理治疗。

◎学习和掌握 TA 理论，一方面可以帮助人们更好地了解自我状态；另一方面可以帮助人们更深刻地了解人与人之间是如何进行交往的，帮助人们改进沟通方式，避免人与人沟通中的矛盾和冲突，有利于建立健康、和谐的人际关系。

资料来源：MBA 智库（https：//wiki：mbalib.com/伯恩的 PAC 人格结构理论）

◄- - - - - - - - - - - - - - - - - - -

如果没有掌握好沟通技巧，就容易产生沟通冲突。沟通冲突不可避免地会导致组织内部产生摩擦，摩擦程度越大，则组织的协调成本越高。产生冲突的原因主要来自两个方面：

第一，个体背景差异方面的原因。每一个人社会背景、文化背景、教育程度、家庭关系、阅历等，都可能存在差异，这些方面的差异，通常容易引起沟通中的一些冲突。

第二，组织结构方面的原因。管理中发生的冲突，相当一部分是由于组织结构方面的原因引起的。组织内部结构复杂，分化细密，信息不对称和利益不一致等原因，极容易导致组织内部垂直或水平方向的冲突。

沟通冲突的解决方法通常包括妥协、回避、平滑、强迫和合作五种。

（1）妥协。指冲突双方互相让步。需要注意的是，该方法要适时运用，不可过早采用这一方式，否则会导致管理者没有触及到问题的核心。一味地妥协，不利于真正解决问题，也可能使管理者错过了其他更好的解决方式。

（2）回避。指在冲突的情况下采取退缩或中立的倾向。采取这种方式，通常并不能解决问题，甚至会给组织带来不利的影响，应当在适当的情况下使用。

（3）平滑。指尽量弱化冲突双方的差异，更多强调双方的共同利益。这种方式主要是为了缓解冲突的紧张程度，着眼于感情面，而非时间面，所以可能只会产生临时性的效果。

（4）强迫。指利用奖惩等强制性的权力来支配他人，迫使他人遵从。通常情况下，这种方式会带来负面效果。除非在必须立即采取紧急行动或必须采取临时性的非常措施的情况下才可以采用这种方式。

（5）合作。指冲突双方共同了解冲突原因，共同寻找对双方都有利的方案。合作的方式被认为是最佳的方式，但也需要在恰当的情况下使用，有时需要通过第三者的协助来达成合作。

需要注意的是，切勿将有效的沟通与意见一致混为一谈。很多人认为良好的沟通是别人接受我们的观点，是沟通双方达成协议。当沟通双方对一个问题进行长时间争论时，旁观者往往认为是由于缺乏沟通所导致的。其实不然，此时双方正进行着大量的有效沟通，因为每个人都充分理解了对方的观点和想法。

组织中适当的"冲突"是有益的，相比过去认为组织应该尽力避免冲突的观念，随着学习型组织的不断建立，越来越多的组织提倡适当冲突，冲突有时可以成为组织中的积极动力。

回到本节开始的"困惑与思考"：造成这次投标失败的根本原因是什么？谁更应该为本次事情负责呢？投标失败的根本原因在于双方没有能够进行有效的沟通。庄洪没有选择一个合适的沟通方式和渠道。事前没有更加严谨地询问总经理的意见，事后也没有与总经理提前进行面对面的有效沟通和总结，从而造成言语误会。而总经理作为管理者，缺乏积极的倾听，缺少对下属员工的理解和信任。因此，这次投标失败是由于双方缺乏有效沟通，双方都存在不可推卸的责任。

------------------->

思考与研讨

营销部江经理特别重视与部门员工建立融洽关系，经常自掏腰包请部门员工外出聚餐。有一天，江经理从外面办事回来刚走近办公室，就听到办公室内几个员工正在聊天。

一个员工说："这次公司举办的培训班，听说我们营销部又没有分到一个指标"。另一个员工接着说："是呀，听说有的部门还有好几个指标呢，谁都知道如果能进入这个培训班，业务能力会得到很大的提升"。接着有更多员工附和道："是呀，我们营销部的江经理就是靠一些小恩小惠笼络人心，遇到我们真正需要他帮助的事情，他一点都不上心。"

江经理在门外听到这些议论后很是诧异和委屈，实际上公司给营销部分配了两个指标，他以为大家对业务培训没有什么兴趣，便将指标退掉了。

▶▶ **思考题**：江经理有哪些值得总结的地方？请结合你个人工作或生活中的实例，参与我们的讨论。

【释疑解惑】

本案例暴露出上下级沟通缺失问题。上下级沟通有时候会出现"员工不说领导不知"的状态，领导不应该以自己的想法暗自揣摩员工的想法，要想得到真实准确的答案，应该通过沟通来达成。

案例中，江经理误以为员工不想去业务培训，其实是沟通不到位的结果。他经常请员工吃饭，将此视为犒劳慰问下属的方式，殊不知吃饭虽然可以增加感情，但是并不能替代工作上的正式沟通。他并没有真正地了解下属的实际需求。

当然，上下级的沟通是双向的，每个人都不可能在没有沟通的前提下了解另一个人的想法，特别是上下级之间，因为所处的位置和接触的信息是不同的，所以对一件事情的看法和处理方式也会不同。为了避免不必要的误会和冲突，上下级双方都应积极主动地沟通，了解清楚对方的需求和能力范围，这样，不仅有利于部门任务的完成，也能为自己创造一个积极透明的环境，使自己在工作中减少因沟通不畅而带来的苦恼和困惑。一方面，作为上级，应主动了解员工的工作状态，了解员工的工作需求，主动询问，主动提供帮助。另一方面，下级要有良好的向上沟通的主观意识，领导工作繁忙，有时不能面面俱到，作为下属要时刻保持主动与领导沟通的意识，有什么想法，需要领导提供什么支持，一定要让领导知道，不要期望领导能未卜先知、能猜测下级心思。

（更多分析观点，请关注本课程"学习平台"的互动讨论区）

第 *4* 章

组 织 行 为

4.1　组织结构：实现组织目标的有机载体

4.1.1　塑造高效组织的基本问题

- - - - - - - - - - - - - - - - - ->

困惑与思考

　　有这样一家公司，公司办公室主任是大家公认的"能人"。最近一年来，该公司业务规模迅速扩大，出现了许多新的工作。有些工作，以前并不重要，可以不去顾及，或者由能干的办公室主任兼任就可以了。但是随着公司的发展，这些工作越来越多，也越来越重要，员工必须做好这些工作。

　　总经理将这些新的工作一项项布置给了办公室主任，但是，办公室主任不仅没能做好这些新布置的工作，而且连原来的一些工作也没做好，总经理认为是办公室主任没有尽职尽责。

实际上，办公室主任比以前更加勤奋，每天都工作到很晚。公司交给他的事情太多了，很多事情都是以前没有接触过的，他一直都在尽力地去做，不仅身心疲惫，而且还经常会受到老总的批评，他完全没有了曾经有过的成就感，再这样下去，他准备辞职了。

▶▶ **思考题：** 从组织设计的角度来看，"能干"的办公室主任为什么不再"能干"了？

◀-----------------

在分析企业管理中的一些问题时，人们经常会说：某某企业组织结构非常合理、运转高效，而某某企业的组织结构混乱，企业运转不佳。这表明在评价一个组织是否高效的时候，应重点关注其组织结构是否合理。

组织结构是一个组织的全体成员为实现组织目标，在职务范围、责任、权利方面所形成的结构体系，其本质是为实现组织战略目标而采取的一种分工协作体系，也是实现组织目标的载体。

组织结构十分重要，一个组织能否高效运转，在相当大的程度上取决于组织结构这个载体的设置是否合理。诺贝尔经济学奖获得者赫伯特·亚历山大·西蒙（Herbert Alexander Simon）说过："有效地开发社会资源的第一个条件是有效的组织结构"。

建立高效组织，需要思考的第一个基本问题是：选择什么形态的组织结构？也就是说要处理好管理幅度与管理层次之间的关系。

管理幅度，是指管理者直接管理的下级人数。管理幅度决定了组织的横向结构，它与管理者的水平、被管理者的工作能力和管理手段的先进程度等因素有关。管理幅度是存在一定限度的。

管理层次，是指组织的指挥系统划分为多少等级，它决定了组织的纵向结构。组织可以分为三个管理层次：高层、中层和基层（低层）。高层为经营决策层，负责制定总目标、总方针，进行组织的战略决策；中层为管理执行层，按组织的总目标要求负责制定具体目标，并进行管理和监督；基层是具体操作层，负责执行和落实具体任务目标。

------------------➤

知识链接

◎赫伯特·亚历山大·西蒙（Herbert Alexander Simon，1916 ~ 2001），美国著名心理学家，管理学家，经济组织决策管理大师，1978 年诺贝尔经济学奖获得者。

◎西蒙在他的主要著作《管理行为》中提出了"有限理性"（bounded rationality）和"满意度"（satisficing）等概念，并分析了复杂性架构（architecture of complexity）的相关问题。

资料来源：MBA 智库百科（https：//wiki. mbalib. com/wiki/赫伯特·亚历山大·西蒙）

◀------------------

组织的层次和幅度是紧密联系在一起的，管理层次越多，管理幅度就越小；反之，管理层次越少，管理幅度就越大。管理层次和管理幅度的不同组合形成了"金字塔"和"扁平化"两种不同类型的组织结构形态，如图 4 - 1。

"金字塔"型的组织结构是一种管理层次多、管理幅度小的组织结构，而"扁平化"的组织结构则是一种管理层次少、管理幅度大的组织结构。

"金字塔"型   "扁平化"型

图 4 - 1　两种组织结构形态

现在多数企业都强调：组织结构要从传统的"金字塔"型向"扁平化"型的方向转化。是不是由于传统的"金字塔"型组织结构缺乏效率呢？其实，传统的"金字塔"型组织结构在相当长的一段时间里，被认为是富有效率、能够带来效益、能够产"金"的一种组织结构。"金字塔"型组织结构具有结构严谨、等级森严、分工明确、便于监控等优点。

为什么主张大多数组织的结构要"扁平化"呢？其根本原因在于，多数企业今天所处的外部环境已经发生了彻底的变化。

在物质经济相对缺乏的年代，企业生产的产品总是能够卖出去，外部环境是相对稳定的，企业不需要过多地关注外部市场环境，管理的重点是组织内部的生产。为了确保组织内部的生产自上而下，有条不紊，管理的幅度就不能太宽，太宽则有可能导致管理失控。由于管理幅度较小，自上而下就需要更多的管理层次，这样才可以做到一级指挥一级，一级控制一级，内部管理自上而下，井然有序。

然而，如今大多数企业所处的外部环境发生了翻天覆地的变化，要求企业管理必须随着外部环境的变化而变化，及时做出反应，这就要求企业的组织结构更加灵活，反应速度更快。传统的"金字塔"型组织结构的弊端也就暴露了出来，因此，现在多数企业的组织结构要从传统的"金字塔"型向"扁平化"型的方向转化。但是对于某些特定的组织而言，依然需要保持"金字塔"型组织结构，比如说军队，就是一种典型的"金字塔"型组织结构。

建立高效组织，需要思考的第二个基本问题是：组织中的决策权应该如何分配？也就是组织中集权与分权的问题。

集权是指把较多并且较重要的管理权责集中于高层组织，分权是指把较多并且较重要的管理权责分散到中层和基层组织。集权有利于保证组织统一领导和指挥，集中力量、攻克难关，但是缺乏弹性和灵活性，对特殊情况的应变能力较弱，有时甚至会出现领导者独断专行的现象；而分权比较灵活，有利于发挥中层或基层组织的主动性和创造性，做到从实际出发，因地制宜，但是分权可能会导致组织内部难以坚持政令统一，各部门各自为政，使组织中各个层级的矛盾与冲突难以协调。可以看出，集权与分权是相对的，各有利弊，只有很好地将二者结合起来，灵活应用，组织才能高效运转。

建立高效组织，需要思考的第三个基本问题是：选择什么类型的组织结构？自然界存在一个普遍规律：结构决定特征。比如说，石墨和金刚石，内部构成元素完全一样，但是由于结构不一样，所呈现的外部功能和特征也完全不一样。

同样，一个企业是否选择了合适的组织结构，对这个企业有着至关重要的影响。我经常到一些企业去做管理咨询工作，企业通常会安排专人向我们介绍这个企业的情况。我发现，有些人介绍得非常好，一下子就让我了解了这个企业的概况，而有些人滔滔不绝地说了很多，我还是不清楚这个企业的概况。其实，要想让别人在最短时间里了解你的企业概况，最简单也是最有效的方式就是直接摆出企业的组织架构图。只要一看到企业的组织架构图，这个企业的情况也就一目了然了，因为"结构决定特征"。

回到本节开始的"困惑与思考"："能干"的办公室主任为什么不再"能干"了？

一开始，办公室主任的工作顺风顺水，说明原有的组织结构是与公司的业务规模相匹配的，因此公司可以高效地运转。后来，随着企业规模的扩大、业务的增加，企业并未设计相应的组织结构来应对，而是将全部任务压在办公室主任身上。由于组织结构与企业规模不相匹配，使得办公室主任压力倍增，工作效果却越来越差，"能人"不再能干了。

我们可以看出，一个企业如果没有选择合适的组织结构，那么"能人"也没办法去发挥自己的才能。任何人只有在合适的组织结构中，才有可能发挥他的才能。

-------------------->

思考与研讨

王师傅是公司的一位老司机，在公司服务了 20 多年，平时为人处世不错，也深得老板和员工的喜欢。最近公司实行单位车辆使用改革，撤掉了原有的汽车队，全部改由第三方提供服务。汽车队多数司机都选择了自谋职业，但是老板决定留下王师傅，王师傅也十分愿意留下来，公司的员工都没有反对意见。

但是，人力资源部门在给王师傅安排岗位时却犯难了，现有的岗位都不适合王师傅。老板于是要求人力资源部门根据王师傅的实际情况，专门设立一个岗位，发挥他的长处。

你认为老板的做法正确吗？在组织结构设计中，到底是应该"因岗设人"，还是"因人设岗"？

请结合你个人工作或生活中的实例，参与我们的讨论。

【释疑解惑】

一般而言，应该"因岗设人"，因为一个组织是在实现整个组织目标的前提下，去进行岗位的设置、分工，并对每个岗位的职责范围、责任、权力等进行规范。只有整个组织按这个结构体系运转起来，才能确保组织目标最终实现，组织设计和人员配备的基本流程是：在定编、定岗的基础上，定员、定薪。如果"因人设岗"，就会导致这个岗位与整个组织体系不匹配，出现各种不协调的问题，影响组织目标的实现。如果该现象过多，这个组织就会变成一个混乱的组织，毫无管理结构可言，最终的结果就是组织系统的崩溃。

当然，从现代人力资源的"人尽其才，才尽其用"的基本理念来看，"因人设岗"在某些特殊情况下也有一定的必要性。"因人设岗"可以让岗位职责富有弹性，凸显一些特殊人才的作用，做到"因才施用"。但是，"因才施用"和"因人设岗"的前提条件是这个人是企业可用之"材"，所设置的岗位也是可以给组织创造价值的。如果这位老司机没有别的专长，老板仅仅是出于"人性化"的考虑专门设定一个岗位，费尽心思把忠诚的老员工留下来，就和公司已经执行的单位车辆改革目标不符，公司改革得不彻底，将会造成企业职位冗余，效率低下，并且努力工作的员工在对比后会产生不满情绪。其实，这种做法对员工本人也有可能产生不利的影响，如果员工在一个可有可无的岗位上，觉得对公司没有贡献，没有成就感，就会丧失激情，久而久之也可能自己离职。

（更多分析观点，请关注本课程"学习平台"的互动讨论区）

4.1.2 是否存在最合适的组织结构

------------------→

困惑与思考

王风目前在一家大型建筑公司的设计部工作，工作一直都得心应手。

最近，公司为了尽快开发出一种新产品，专门成立了新产品项目部。王风被抽调到这个新产品项目部工作，人事关系仍然隶属原设计部，新产品开发工作完成后，王风还是要回到设计部。

王风抽调到新产品项目部工作后，一方面他要完成新产品项目部经理交付的工作，另一方面还要完成设计部经理指派的一些工作。两个经理安排的工作经常存在冲突，甚至有时候连通知开会的时间都是冲突的。

王风为此感到十分苦恼：两个都是领导，哪个都不敢得罪啊！

▶▶**思考题**：你认为王风所在公司的这种安排合理吗？

------------------←

塑造高效组织要考虑的一个重要问题就是选择合适的组织结构。组织结构常见的类型有：直线型、直线职能型、矩阵型、事业部型，等等。这些类型的组织结构是随着组织的发展而相应提出来的，分别适用于不同的组织。

直线型组织结构是最早被使用，也是最为简单的一种组织形式，在这种组织结构中，只有直线（生产）部门，没有设立职能部门。工业发展初期的小作坊，规模小、生产过程简单，所有事务都由老板或工场主"个人管理"，不需要设立一些职能部门。当时，小作坊的组织结构基本都属于这种直线型结构。今天，一些公司刚刚创业起步的时候，大多采用这样的组织结构形式来运营（如图4-2所示）。

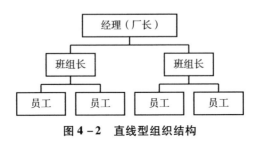

图4-2　直线型组织结构

随着手工作坊规模的扩大，管理的事务越来越复杂，各项事务都由老板"个人管理"显然不现实。于是便出现了"直线职能型"结构（如图4-3所示）。

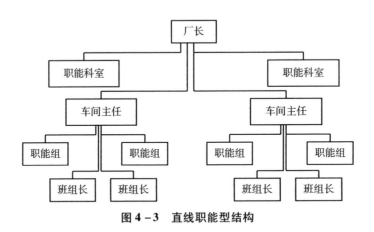

图4-3　直线职能型结构

直线职能型组织结构是现代工业中最常见的一种结构形式，在中小型组织中尤为普遍。这种组织结构的特点是：以直线型为基础，在各级行政主管部门之下设置相应的职能部门（如计划、销售、供应、财务等部门）从事专业管理，作为该级行政主管的参谋，实行主管统一指挥与职能部门参谋指导相结合。

基于直线职能型结构，下级机构既受上级部门的管理，又受同级职能管理部门的业务指导和监督。各级行政领导人逐级负责，高度集权。因而，这是一种按经营管理职能划分部门，并由最高经营者直接指挥各职能部门的体制。

直线职能型组织结构既保持了直线型结构集中统一指挥的优点，又吸收了职能型结构分工细密、注重专业化管理的长处，从而有助于提高管理工作的效率。

直线职能型组织结构的缺陷主要有：

（1）属于典型的"集权式"结构，权力集中于最高管理层，下级缺乏必要的自主权。

（2）直线职能型组织结构建立在高度的"职权分裂"基础上，各职能部门与直线部门之间如果目标不统一，则容易产生矛盾。特别是对于需要多部门合作的事项，往往难以确定责任的归属。

矩阵型结构也是目前得到广泛应用的一种组织结构。矩阵型组织结构是为了改进直线型职能结构横向联系差，缺乏弹性的缺点而形成的。这种组织结构是由纵向的职能部门和横向的产品或项目部门交叉形成的一种组织结构（如图 4-4 所示）。

矩阵型结构的特点为：围绕某项任务专门成立跨职能部门的专门机构。例如，组成一个专门的产品（项目）小组去从事新产品开发工作。在研究、设计、试验、制造各个不同阶段，由有关部门派人参加，力求做到条块结合，保证任务的完成。项目小组在任务完成后就解散，有关人员回原部门工作。因此，这种组织结构具有很好的弹性，非常适用于横向协作和攻关项目。

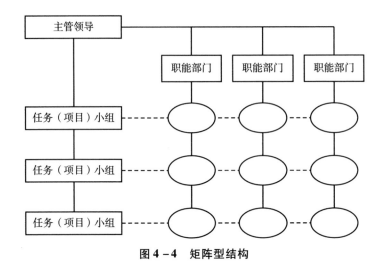

图4-4 矩阵型结构

矩阵型组织结构的一个比较突出的问题是，由于一个员工同时隶属于产品（项目）经理和职能经理的管理，可能存在由于多头领导所带来的冲突，有些员工可能不适应这种管理模式，因此会降低他们的工作满意度。

当组织规模发展到一定的阶段，很多企业就会推动组织结构向事业部型组织结构转化。事业部型结构，是一种在总公司之下，按产品或地区设立事业部的组织结构。这种组织结构实施"政策制定集权化，业务经营分权化"（如图4-5所示）。

事业部组织结构具有三个层次：

（1）"战略决策中心"。总公司只负责战略制定以及大的人权和财权，不再负责日常的生产经营事务。

（2）"利润中心"。事业部不是独立的"法人"，但是每个经营事业部都是一个独立的利润中心，负有向总公司完成利润的责任，在总公司领导下，实行统一政策，分散经营，独立核算，自负盈亏的经营。

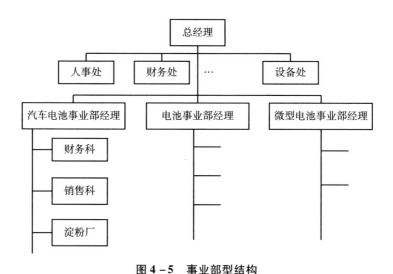

图 4 - 5 事业部型结构

（3）"成本中心"。各个事业部可以根据业务活动的需要设置一些职能机构。

知识链接

◎平台型组织结构（platform organization structure），是指能够在新兴商业机遇和挑战中建立灵活的资源、惯例和结构组合的组织形式，是现代企业组织为了顺应市场、技术、人才的新趋势而形成的新型组织形态，该形态能使组织获得可持续新的创意和机会，激发全员参与，全员创新。

◎平台型组织包括三个层次：平台、平台战略和平台组织。所谓平台即企业搭建的物理或超时空的平台，平台战略指利用平台的理念整合资源、提升商业价值的战略模式，平台组织则借鉴平台理念思考组织结构的配套和运行模式。

资料来源：MBA 智库（https：//wiki.mbalib.com/wiki/平台型组织）

组织结构的类型随着经济全球化以及现代信息网络的进程，也演变出了很多新的形式，如网络型、平台型组织结构等。

需要明确的是，并不存在最好的组织结构，每个企业都需要在综合考虑公司战略目标、公司规模、业务类型、企业文化等多方面因素的基础上，选择合适的组织结构。

举个例子，有一位 MBA 学生，毕业后创办了一家 15 人左右的小公司，由于公司规模不大，大事小事都是他自己亲自过问，经过一年的发展，业务有了较快增长，目前员工已达到 50 多人，出于管理成本考虑，他并没有增设职能部门。

显然，他的公司目前采用的是典型的"直线型"组织结构，在公司创业初期，业务相对单一，公司规模不大，采用这种类型的组织结构是合适的。但是随着公司规模的扩大，如果继续采用"直线型"组织结构，将会带来一些问题，如老板个人工作量迅速增加。员工遇到一些日常性问题不知道相应的操作流程和责任人。

长期下去，公司的运作效率及发展将会面临很大的问题。因此，该公司应及时调整为"直线职能型"组织结构。

回到本节开始的"困惑与思考"：从组织结构角度分析，你认为王风所在公司的这种安排合理吗？

王风所在公司采取的应该是矩阵型组织结构，这种组织结构能够集中公司相关部门的资源，打破条块分割，有利于快速完成一项任务；由于团队成员接受双重领导，如果两位领导沟通不畅，就会给员工带来很大的压力，小王的烦恼就是属于这种情况。

这个问题可以从两方面解决：（1）明确水平与垂直双领导工作职能及决策权限，规定首要负责人及第二负责人；（2）王风应该同项目部经理和设计部经理进行沟通，让领导了解双重指挥给员工带来的压力。

- - - - - - - - - - - - - - - - - ➔

思考与研讨

"事业部"组织结构与"分公司"组织结构有什么共同点？有什么差异？

请结合你个人工作或生活中的实例，参与我们的讨论。

【释疑解惑】

"事业部"与"分公司"的共同点在于：都属于分权化组织结构，二者都不具有独立法人资格。

二者不同点在于：分公司是总公司管辖的分支机构，是指公司在其住所以外设立的以自己的名义从事活动的机构。分公司不具有企业法人资格，其民事责任由总公司承担。虽有公司字样但并非真正意义上的公司，无自己的章程，公司名称只要在总公司名称后加上分公司字样即可。

事业部是指以某个产品、地区或顾客为依据，将相关的研究开发、采购、生产、销售等部门结合成一个相对独立单位的组织结构形式。它表现为，在总公司领导下设立多个事业部，各事业部有各自独立的产品或市场，在经营管理上有很强的自主性，实行独立核算，是一种分权式管理结构。

分公司组织结构与事业部组织结构均拥有相对独立的市场、相对独立的核算权。分公司组织相对独立权更大一些，事业部组织仍在总公司统一管理范畴。

（更多分析观点，请关注本课程"学习平台"的互动讨论区）

4.2 制度流程：组织高效运行的基本保障

困惑与思考

A公司十分注重企业内部管理制度、管理流程的建设。可是，公司管理层最近明显感觉到，公司的业务运转出现了一些问题，公司相关制度约束下层层审批的业务流程较长，导致基层的许多情况都得不到及时反馈和决策，错失了不少新产品研发和市场开发的先机。

▶▶**思考题**：面对这样的局面，管理层一时不知如何是好，他们引以为傲的规章制度难道错了吗？

现代管理的高效运行，离不开规范化的管理制度和管理流程。

"管理制度"是约束组织成员的行为规范或评价准则。制度规定组织成员可以做什么、不能做什么，什么人对什么事负责，什么行为会带来什么样的后果。简单地说，制度就是要明确"遵循哪些要求做什么事"。

"管理流程"则是正确地完成某一工作的步骤和顺序。流程明确了一项工作由哪些步骤组成、步骤之间如何衔接，各项任务应该由谁来做，完成时应采用哪些方法、考虑哪些要求。简单地说，流程就是要明确"怎么做事"。

　　管理制度与管理流程作为公司管理"内功"中最基础性的两个部分，二者之间紧密相连，如果说流程是河道，制度则是堤坝。要使河流不会泛滥成灾，梳理河道和加固堤坝都是不可或缺的。"欲知平直，则必准绳；欲知方圆，则必规矩"，只有具备好的制度，才能进一步规范组织流程，支撑公司战略和业务目标实现。同时，要充分考虑河流特性，能有效规划河道的堤坝才是好堤坝，公司必须有好的制度设计，就是这个道理。

　　为了更好地理解管理制度与管理流程之间的联系，我们先来看一个小故事。

　　新年到了，有一位贫穷的母亲只能买得起一块奶油蛋糕作为两个儿子的新年礼物。可是无论她打算怎么分蛋糕，总会有一个儿子说妈妈偏心，把自己这边分得小了。这位妈妈想了个办法："老大，你来切这个蛋糕。但有个条件，切好后，你要让弟弟先挑。"

　　这一下，兄弟俩都没话说了。老大只有尽量切得一般大小，否则自己肯定只能得到小的一半；而老二则只好瞪大眼睛，尽力挑出稍大一点的那块。尽管两块蛋糕肯定大小不一，但兄弟二人只好各自认命，因为在妈妈制定的规则之下，不论谁吃了亏，能怪的只有自己。

　　在这个小故事中，母亲的管理目标是"老大老二都不会说妈妈偏心"。于是，这位母亲制定了"平分蛋糕"这项"管理制度"，可是如果单有这项"管理制度"没有管理流程，制度就难以落到实处，也可能达不到预期目标。因此，这位母亲同时制订了"老大来切，老二先挑"的"管理流程"。母亲所制订的制度合理、流程也合理，因此很好地达到了管理目标。显而易见，要使企业高效运行，达到管理目标，制度和流程缺一不可。

　　现代企业强调制度化和流程化建设，这实际上也是管理规范化与标准化的具体体现。从管理角度来看，标准化同高效率基本上可以画等号，而标准化的管理理念在军队中应用最广泛。有人写过一本书——《向解放军学习：最有效率组织的管理之道》，军队确保效率的最主要做法之一，就是强调标准化。现代管理的核心命题正是"效率"，因此可以考虑将军队中的"标准化"管理理念应用到企业管理中。

强化管理流程，是提高工作效果、降低成本的基本保障。很多年以前，公交车的前门后门都可以上下客，不仅秩序杂乱，而且每部公交车都需要配备 2 个人，一个人负责开车，一个人负责售票和查票，这就是流程缺乏的后果。现在的公交车，前门上客，后门下客，每辆公交车只需要配备 1 个人，有了规范化流程之后，不仅秩序井然，而且成本也下降了。

很多年前，一家世界知名零售企业在长沙开第一家门店的时候，我第一时间去这家门店转了一圈之后，当时感受非常深。我从这家门店的一些细节上感受到了这家知名零售企业的管理"内功"。在这家门店总服务台后面的墙壁上，我看到了一个里面插了很多小卡片的布袋子，上面写了一行字：紧急事务处理的标准化流程。我觉得这个东西太好了！好在哪里？假如你是这个门店的新员工，今天第一天来这个门店上班，上班后不久就有顾客找你处理一件事。而这个事在上岗培训时并没有告诉过你应该怎么处理。通常情况下，你一定会要拿起电话向主管请示报告。这个过程中，几个方面的效率都下降了。你要先请示汇报，再处理，你的工作效率下降了；你主管的工作被打断，他的工作效率也下降了；顾客在一旁焦急等待，你的服务质量也下降了。而在该零售企业，并不会出现这种情况：虽然你作为新员工是第一次碰到这件事，但是公司的某个门店以前已经处理过类似的事情，并且已形成了规范化的流程，发放到所有门店。因此，其他门店遇到类似的情况不需要再请示汇报，按照小卡片规定的流程处理就可以了。

现实管理工作中，不少管理者在处理完一些事情后，并没有及时地去形成规范化的制度和流程。下次再出现类似事情的时候，又需要重复处理。很多管理者大量的时间和精力往往就是陷于这种周而复始的日常事务中，当然不可能有更多的时间去处理那些更重要的新情况和新问题。

我们在强调管理制度与流程建设的同时，还需要特别注意以下两点：

第一，企业中的管理情境、业务状况都是在不断变化的，因此流程的制定并不是一劳永逸的，在强调标准化流程的同时，也要对已有的流程进行适时优化。一提到流程优化、再造，很多人都认为是十分复杂的事情，其实管理工作中，处处存在流程再造。

相信很多人都去过迪士尼乐园。在迪士尼乐园，很多游玩项目需要排很长的队，在排队等待过程中，队伍周边有很多可以观赏的流动表演项目，因此大家并不会觉得排队等待过程很无聊。其实，这些流动表演项目原来是放在固定的表演场所，需要排队观赏的。迪士尼乐园后来改变流程，将这些表演项目从固定的场所拿出来，放到队伍两边作为流动项目，这就是流程再造。

第二，制度流程也有好坏之分，好的制度流程让复杂的事情简单化并变得清晰明了，坏的制度流程则会无中生有，把简单的事情复杂化。因此，管理制度和流程一定要和公司的业务、人员、环境等相适应。

这实际上对管理者提出了相应要求：决定一个管理者格局与高度的核心之一，就是他能不能建立并落实合理的制度与流程。

此外，管理者制定规章制度、规范业务流程时要确保其清晰明了、执行力强。只有可以被下属准确理解，具有高度可行性的制度和流程才能真正发挥作用。

管理者要善于运用奖惩措施，以便督促员工积极主动地完成组织任务，实现组织目标。也就是说，管理者应将企业绩效考核和晋升提拔标准明确写入制度、落到实处，以便于更好地发挥其约束力。

回到本节开始的"困惑与思考"：A公司的规章制度有错吗？

本节中提到，制度流程也有好坏之分，好的制度流程能使复杂的事情简单化并变得清晰明了，坏的制度流程则会无中生有，把简单的事情复杂化。因此，管理制度和流程一定要和公司的业务、人员、环境等相适应。A公司引以为傲的规章制度，也许以前与企业的管理情境、业务状况是相适应的，是一项好的制度。但是，企业中的管理情境、业务状况都是在不断变化的，制度和流程的制定并不是一劳永逸。从A公司的规章制度和流程现状来看，其在实际运行中降低了企业运行的效率，阻碍了企业的发展。因此，A公司想要改变现状，就要对目前的审批制度和流程进行调整。

- - - - - - - - - - - - - - - - - ➤

思考与研讨

请列举你所了解的一家企业某个方面的管理制度及相应的管理流程，并具体指出该企业的制度与流程之间是什么关系。

请参与我们的讨论。

【释疑解惑】

华为建立了全球流程与业务变革管理体系，发布了全球统一的业务流程架构，并基于业务流程架构任命了全球流程责任人负责流程和内控的建设。全球流程责任人针对每个流程识别业务关键控制点和职责分离矩阵，并应用于所有区域、子公司和业务单元；流程组长组织实施针对关键控制点的遵从性测试并发布测试报告，从而持续监督内控的有效性；财务组长围绕经营痛点、财务报告关键要求等进行流程和内控优化，提升运营效率和效益，支撑财报准确、可靠及合规经营，帮助业务目标达成；流程责任人每年进行年度控制评估，对流程整体设计和各业务单元流程执行的有效性进行全面评估，向审计委员会报告评估结果。

（更多分析观点，请关注本课程"学习平台"的互动讨论区）

4.3　组织文化：组织行为的文化导向

困惑与思考

不少公司在每天的晨会上，都会带领大家一起宣读公司的口号、标语。有人认为，口号、标语的宣读是一种形式主义，员工并不会按照口号和标语规范自身的一言一行，口号、标语不能被归类为组织文化；也有人认为，口号和标语就是组织文化的一种形式，晨会能让公司的口号和标语深入人心，帮助员工更好了解以及践行组织文化。

▶▶**思考题**：口号、标语是不是文化？晨会口号标语的宣读对员工践行组织文化有没有帮助？

我们常说"三流企业靠生产、二流企业看营销、一流企业看文化"。世界上一切资源都可能枯竭，只有一种资源可以生生不息，那就是文化。那么，什么是组织文化？组织文化是把组织内部群体成员结合在一起的行为方式、价值观念和道德规范，它反映和代表了一个组织成员的整体精神、共同的价值标准，是推动组织成长和发展的意识形态之总和。

企业的成功，可以分为三个层次：市场的成功、制度的成功和文化的成功。例如，企业刚好抓住了一个很好的市场机会，获得了成功，但这只是最低层次的一种成功，因为企业无法保证永远都会有这么好的运气再次碰到这么好的市场机会。为了继续获得成功，就必须在管理上有一套，也就是说要有好的制度设计，好的流程体系。所以说，企业成功的第二个层次是"制度的成功"。

很遗憾的是，今天不少企业的"成功"仍然停留在第一个层次。一些企业的成功，靠的不是好的制度设计和好的管理模式，而是靠"机会"和"运气"，这种企业短期内也许可以成功，但是这种成功很难持续下去。

企业成功的第三个层次，也是企业成功的最高层次，就是"文化的成功"。当一家企业所有的员工都有了一种共同的价值理念、一种积极向上文化的时候，就会产生一种"内化于心，外化于行"的精神力量，使其成为具有极强竞争力的企业。优秀企业文化的关键意义之一就是通过给员工创造归属感和认同感，使之与企业形成一体同心的凝聚力。当员工能不由自主地将自己放在"主人翁"位置上，与企业同呼吸、共命运时，企业才能走向高层次的成功。

杰克·韦尔奇（Jack Welch）曾经说过，百年企业靠文化。每一家优秀的企业，都有一个共同的特征——有一套坚持不懈的核心价值观，有其独特的、不断丰富和发展的优秀企业文化体系。正是这种独特、优秀的文化，支撑着这家企业从一个成功走向另一个成功。

"组织文化"不是"规章制度",而是一种"无限趋近"于组织中绝大多数个体的"行为准则",它对组织的影响无处不在,并且这种"行为准则"会对组织产生多方面的作用:对组织外部来说,"组织文化"是该组织对外展现的符号或印记,是组织整体向外辐射的一种信号和影响;对组织内部来说,"组织文化"是一种在组织中被绝大多数个体所认同、并影响组织活动各方面的、自觉性的"行事底线",对组织起保护作用。如果把组织视作一个生命体,那么"组织文化"便是组织机体的免疫器官,能够保障组织机体的健康运作。

------------------->

知识链接

◎杰克·韦尔奇(Jack Welch,1935~2020),通用电气历史上最年轻的董事长和CEO,被誉为"最受尊敬的CEO""全球第一CEO""美国当代最成功最伟大的企业家"。

◎《杰克·韦尔奇自传》(2001年)被全球经理人奉为"CEO的圣经"。1989年美国《财富》杂志介绍杰克·韦尔奇的人格特征和经营理念:掌握自己的命运,否则将受人掌握;面对现实,不要生活在过去或幻想之中;坦诚待人;不要只是管理。

资料来源:MBA智库百科(https://wiki.mbalib.com/wiki/杰克·韦尔奇)

<------------------

组织文化对整个组织的行为具有"软规范"的作用,可以减弱硬约束对员工心理的冲撞,从而使组织上下左右达成统一、和谐和默契。湖南有一家非常著名的民营企业,我经常给他们中高层的管理人员做培训,这家企业在国内的产业园区和子公司,我几乎都去过。我

到这家企业的任何一家子公司，每次接待我的人可能都不一样，但是给我的印象是，似乎是同一个人在接待我。为什么会给我带来这种感觉？我认为他们的企业文化做得很好。加入这家民营企业的是有着不同思想观念、不同行为习惯的人，但是经过公司文化熏陶之后，对外展示的就是同一种形象，表现的就是同一种行为模式，这就是组织文化的力量。

我经常打这样的比方：文化是什么？文化就如同泡菜坛中的水，泡菜是否好吃，取决于这坛水调制得怎样。不论扔进泡菜坛的是萝卜还是青菜，拿出来的都是同样一种味道，这就是文化的力量。

美国管理学者埃德加·沙因（Edgar H. Schein）于1990年提出了组织文化四层次理论，将组织文化从内容上划分为表层的物质文化、浅层的行为文化、中层的制度文化和深层的精神文化。沙因非常形象地提出了一个文化模型——"睡莲模型"。睡莲有花和叶，花和叶代表文化的外显，包括组织的架构和各种制度、程序，就像很多公司墙壁上张贴的海报；睡莲的枝和梗，就是组织公开倡导的价值观、使命、愿景和行为规范等；而睡莲的根则是组织上下各种下意识的信念和知觉。

我们认识一家企业，总是从它的外在"物质层"开始的，包括它的名称、商标、产品等，物质文化是组织精神面貌的折射。行为文化是组织在服务、生产经营和学习娱乐过程中产生的活动文化，更多的是一种动态文化。制度文化保证了组织内在和外在的一致性，主要体现在领导体制、组织机制和管理制度上。作为组织核心和灵魂的精神文化，是一个组织长期积累和沉淀的结果，它不仅是组织意识的集中体现，也是各种意识形态的组合。

组织文化的四个层次之间由浅入深、由表及里，你中有我、我中有你。如果把物质文化比喻为组织文化的硬外壳，那么行为文化就是组织文化的软外壳，制度文化是连接组织软硬外壳的桥梁，精神文化则是组织文化的核心。

-------------------➤

知识链接

　　◎埃德加·沙因（Edgar H. Schein），企业文化与组织心理学领域的开创者和奠基人，被誉为"企业文化理论之父"。1992 年，沙因在他的名著《组织文化与领导》（*Organizational Culture and Leadership*）一书中，将组织文化定义为："一种基本假设的模型——由特定群体文化在处理外部适应与内部聚合问题的过程中发明、发现或发展出来的——由于运作效果好而被认可，并传授给组织新成员以作为理解、思考和感受相关问题的正确方式。"

　　◎沙因的主要代表作有《组织文化与领导》《组织心理》等。

　　资料来源：MBA 智库百科（https：//wiki. mbalib. com/wiki/沙因的组织文化研究）

-------------------◄

　　如果一家公司有好的企业文化，公司上下将会充满着"正能量"。正负能量之比，将直接影响到团队的绩效。美国心理学家马尔西亚·洛萨达（Marcial Losada）曾经研究了 60 个商业团队，他分别参加了这 60 个商业团队长达 1 个小时的会议。在会议中，他注意观察团队成员的发言是积极的还是消极的？是基于调查还是基于辩护的？是基于了解对方还是捍卫自己观点？他发现，高绩效团队中积极情绪与消极情绪的比例约为 6∶1；而低绩效团队中积极情绪与消极情绪的比例约为 1∶1，这个比例也被称为"洛萨达比例"。由此可以

看出，对于一个公司，积极的文化必须占主流，只有当一个公司有了积极的文化，才能将员工紧紧凝聚在一起，创造一个高绩效的团队。

回到本节开始的"困惑与思考"：口号、标语算不算组织文化？晨会口号标语的宣读对员工践行组织文化有没有帮助？口号和标语是组织文化外显的一部分，但不是组织文化的全部。企业文化的成功不能仅仅依赖浮于表面的物质文化和行为文化，只有物质文化、行为文化以及制度文化都不足以成就一个优秀的组织，一个组织立命的根本在于深层次的精神文化！精神文化是联系组织和成员的桥梁，一岸是成员已经习得的各种思想观念和行为方式，另一岸是企业在新机遇、新挑战面前，共同遵循的价值标准和行为范式，管理体系一旦丧失了精神层面的价值文化，那么这个组织就不会是一个成功的组织。

在晨会上宣读口号标语有一定的合理性，但是如果只重视物质层面或行为层面的文化，认为只要公司的形象好即可，这是一种错误的思想。无论是大企业还是小企业，都应该追求属于自己组织精神层面的价值文化，这才是立足之本，是组织长远发展的源泉！

------------------->

思考与研讨

通过学习这次课程内容，你认为组织文化建设过程中最重要的因素是什么？

请结合你个人工作或生活中的实例，参与我们的讨论。

【释疑解惑】

企业文化建设的内容主要包括物质层、行为层、制度层和精神层等四个层次的文化，其中，精神层——企业价值观的确定是组织文化建设最为关键的因素。精神文化是企业文化的内核，是各种意识形态的结合。在企业价值观的建设过程中，企业应强调以人为本，满足员工不同层次的需求，创造鼓舞人心的组织精神，最大限度地调动员工的积极性、创造性，增强组织的凝聚力和向心力，使职工不仅把组织作为工作的地方，更视为实现自己的愿望和社会责任的组织。确立了企业价值观才能进一步展开搭建文化框架，那么企业价值观到底应该如何确立呢？第一，企业价值观体系的确立应结合企业自身的性质、规模、技术特点、人员构成等因素；第二，良好的价值观应从企业整体利益的角度来考虑问题，更好地融合全体员工的行为；第三，企业的价值观应该凝聚全体员工的理想和信念，体现企业发展的方向和目标，成为鼓励员工努力工作的精神力量；第四，企业的价值观中应包含强烈的社会责任感，使社会公众对企业产生良好的印象。

在现代管理中，无论是哪种组织，都在强调文化建设的重要性。而组织文化中的核心内容——价值观是组织建设管理的灵魂，并在其中起着不可替代的作用。当然，企业文化建设也不能只依靠精神层面的价值观建设，而是要以物质文化为呈现载体、以行为文化为补充、以制度文化为桥梁，让企业文化得以落实。企业文化不是一成不变的，企业在发展过程中需要及时提炼精神文化，保持企业文化与时俱进。

（更多分析观点，请关注本课程"学习平台"的互动讨论区）

第 **5** 章

领 导 行 为

5.1 领导理论：领导有效性的三种理论

5.1.1 是否有最好的领导特质？——领导特质理论

------------------->

困惑与思考

　　王强是一家互联网公司的总经理，公司最近需要选拔一位研发主管负责新产品开发项目。该主管职位共有 3 名候选人，他们各有特点，这令王强难以抉择。

　　小吴在公司工作多年，其恒心闻名于整个公司，例如，他一旦开始一个项目，就会伴随员工直到项目完成；另外，他曾在工作期间引进了 4 条生产线，这些业绩也充分展示了他的创造力与洞察力。

　　小章毕业于名牌大学，聪明、自信、有上进心，十分擅长与人打交道，社交能力很强，大家都认为与他在一起工作是十分愉快的。

小方正直、忠诚度高，信奉公司的理念并积极促进公司目标发展，最为突出的品质是大家都认为他是个可以信赖的人。

▶▶ **思考题**：你认为王强应该选择哪一位候选人？

-------------------------------- ◀ - - - - - - - - - - -

如何提高领导的有效性，一直是管理学界关注的热点问题。从20 世纪 40 年代开始，学者们从不同角度对领导有效性问题开展了大量研究。

早期，学者们尝试从担任领导角色的个体本身来寻找领导有效性的答案，换言之，他们更多关注的是领导者的个人特质，比如领导者的性格、进取心、正直与诚实等；一些学者认为，凡是能够成为领导的人，一定是因为他们具备了与众不同的特质，这些学者所提出的领导理论被称为"领导特质理论"。

后来大量的研究发现，具备相同特质的人并不一定都成为了领导，或者同样都是领导，他们的特质却不完全一样。可见，个人特质对于领导的有效性有一定的影响，但并不是最关键性的因素。于是人们开始关注领导的行为和风格。一些学者认为，领导的有效性取决于领导的行为和风格，一定存在着某种最有效的领导行为和风格，这些学者所提出的领导理论被称为"领导行为（风格）理论"。后来大量的研究发现，在某些情况下饶有成效的领导行为或风格，在其他情况下并不一定是最优的；同样，现实世界中一些有经验的领导者在不同情况下的领导行为或风格也并不是完全一样的。

现在，学者们终于认识到，应该根据情境的不同，选择不同的领导者、不同的领导行为和风格，这一类理论被称为"领导情境理论"，又称为"权变领导理论"。

本节重点介绍第一种领导理论：领导特质理论。领导特质理论也称领导素质理论，这种理论着重研究领导者的品质和特性，是领导理论研究的开端。

研究领导特质有着积极意义，例如在实际工作中，当我们组建了一个团队之后，通常需要指定一个负责人，这时候可能就会考虑：在这个团队中，谁更具备领导特质？谁更适合担任领导者？

领导特质理论有两个分支：传统特质理论和现代特质理论。传统特质理论认为，领导者所具有的特性是天生的，是由遗传决定的。随着研究的深入和实践的反馈，传统特质理论受到了各方面的质疑。例如，1940～1947 年的 124 项研究发现，"天才领导者"的个人特性是各种各样的，各特性之间甚至相互矛盾；同样，现实生活中许多被认为具有天才领导者特性的人，并没有成为领导者。传统的领导特质理论由于其自身的局限性，如今已经很少有人赞同这种观点。

现代领导特质理论认为，领导者的特性和品质并非全是与生俱来的，可以在领导实践中形成，也可以在训练和培养中形成。今天的管理研究与实践已经证明，领导者的特性和品质对于领导有效性有着重要影响。有效的领导者需要具备一些基本的素质要求，同时，领导者的特性和品质可以通过不断的管理实践和不同的培养方式得到提高。但是，领导者的特性和品质并不是决定领导有效性的唯一因素。

大量的学者针对领导者的特质开展研究并相应地提出了不同观点。如美国俄亥俄州立大学拉尔夫·斯托格蒂尔（Ralph M. Stogdill）将领导者特质区分为 6 类：

（1）身份特性。

（2）社会背景特性。

（3）智力特性。

（4）个性特征。

（5）与工作有关的特性。

（6）社交特性。

还有一些学者提出了其他观点，关于领导特质的分类众说纷纭，研究一度陷入困境。

直到罗伯特·麦克雷（Robert McCrae）和保罗·科斯塔（Paul Costa）提出"大五人格"模型，人们发现以往学者们各自研究探索的几十种领导特质，大都符合"大五人格"模型，即"大五人格"模型几乎可以涵盖人格描述的所有方面。"大五人格"模型被广泛应用于领导特质的分析中，该模型将人格特质划分为 5 个维度。

（1）外倾性：好交际对不好交际，爱娱乐对严肃，感情丰富对含蓄，表现出热情、社交、果断、活跃、冒险和乐观等特点。

（2）神经质或情绪稳定性：烦恼对平静，不安全感对安全感，自怜对自我满意，包括焦虑、敌对、压抑、自我意识、冲动和脆弱等特质。

（3）开放性：富于想象对务实，寻求变化对遵守惯例，自主对顺从，具有想象、审美、情感丰富、求异、创造和智慧等特征。

（4）随和性：热心对无情，信赖对怀疑，乐于助人对不合作，包括信任、利他、直率、谦虚和移情等品质。

（5）尽责性：有序对无序，谨慎细心对粗心大意，自律对意志薄弱，包括胜任、公正、条理、尽职、成就、自律、谨慎和克制等特点。

"大五人格"理论模型认为，外倾性是高效领导的重要特质，但较之"领导能力"与"领导效率"，它与"谁能成为领导者"的关系更显著；与随和性、情绪性相比，尽责性和开放性与"领导力"之间的关系更为显著。

- - - - - - - - - - - - - - - ->

知识链接

　　◎ "大五人格"模型（five-factor model）也被称为人格结构五因素模型（big five structure），得出该模型的一个重要方法是问卷研究。保罗·科斯塔（Paul Costa）等人根据对 16 种人格因素测验（16PF）的因素分析和自己的理论构想编制了测验五因素的 NEO - P1 人格量表（NEO - PI five-factor inventory）。该量表包括 300 个项目，被试在五点量表（从完全同意到完全不同意）上指出每个句子表示他们自身特点的程度。

　　资料来源：MBA 智库·百科（https：//wiki. mbalib. com/wiki/大五人格）

<- - - - - - - - - - - - - - - - -

　　回到本节开始的"困惑与思考"：王强应该选择哪一位候选人？根据"大五人格"模型，我们对三位候选人进行分析（如表 5 - 1 所示）。

表 5 - 1　　　　　　　　　　候选人特质分析

人选	维度				
	外倾性	神经质/情绪稳定性	开放性	随和性	尽责性
小吴	/	/	/	/	有序、自律
小章	好交际	自我满意	/	/	/
小方	/	/	顺从	信赖	/

如表 5 - 1 所示，三位候选人分别拥有不同维度的特质：小吴在尽责性上占优势，小章在外倾性与神经质/情绪稳定性方面占优势，而小方则具备开放性和随和性特质。王强希望选拔的是一位负责新产品开发项目的研发主管，该人选需要具备尽责性的特质。小吴在该公司任职多年，工作经验和阅历都很丰富，不仅具有很强的创造力与洞察力，最重要的是负责任、有恒心，对每一个项目都会坚持到项目结束，这也是他能引进 4 条生产线并且都取得成功的原因。由此可见，若想选用一个负责新产品开发的研发主管，小吴最符合王强的预期。

领导特质理论对于预测谁能成为领导者有着积极意义，但是领导特质理论忽视下属变量和情境因素，同时它也没有告诉人们各特质之间的相对重要性程度。

尽管领导特质理论有一些不足，但其研究结果对于如何挑选和培养领导者仍然有重要的指导作用。有许多领导选拔工具和领导培养训练的计划都是以领导特质理论为基础研究开发出来的，并在实践中取得了成功。

要成为一名好的领导者，应该具备哪些基本素质呢？

我在给一些企业进行管理培训过程中，经常会提到《西游记》中师徒四人的团队。师徒四人团队能够很好地完成复杂的西天取经任务，可见该团队应该是中国古代最优秀的项目团队之一，唐僧就是这个项目团队最优秀的领导者。也许有人会有不同的观点，但从管理学原理的角度来分析，唐僧具备了管理者所应该具备的素质。

领导者应该具备的第一项素质是什么？必须要准确把握团队前进的目标和方向，这是实现组织目标的前提。唐僧知道西天有经取，这个目标和方向是没有错的。

领导者应该具备的第二项素质是什么？一旦团队目标确定之后，领导者必须坚定不移地带领团队成员去实现这个目标。在西天取经的路途中，其他成员都在思想上有过不同程度的动摇，唯有唐僧矢志不渝带领大家朝着目标方向前进。

领导者应该具备的第三项素质是什么？管理者在明确团队或组织的目标和任务后，必须善于用人。我们可以看到，唐僧根据每个人的特点和长处，进行了合理的分工，把每个人放到了最适合他们的岗位上。实际上，唐僧对孙悟空的管理和激励采取了恩威并施的方法，让孙悟空管理师弟并降妖除魔，充分发挥了自身价值，但是孙悟空也会因其行为不当而受到唐僧念紧箍咒的惩罚，这种恩威并施的做法让孙悟空服从了团队发展的要求。

领导者必须具备的第四项素质是什么？必须善于借力、整合资源。在西天取经的路上，当遇到一些靠自己团队的力量无法对付的妖魔鬼怪时，唐僧总是请来各路神仙好汉。唐僧善于借力，是一个优秀的资源整合者。

当然，作为现代领导者，在唐僧所具备的四项管理素质和能力的基础上，还必须不断地变革和创新。现代领导者应该超越唐僧，成为一个具有新时代管理理念的优秀管理者。

因此，我们认为，"目标规划""矢志不渝""善于用人""整合资源"和"创新变革"是现代领导者应该具备的基本素质。

- - - - - - - - - - - - - - - - ▶

思考与研讨

吴桐是一家创业公司的老板，他处事公正、细心谨慎，经常工作到凌晨才下班。他还非常关心员工，支持员工的兴趣爱好，经常举办娱乐体育活动，在公司内营造了一个家庭般温暖的氛围。

　　应用"大五人格"模型来分析，你认为吴桐具备哪些领导者特质，对公司的发展有何作用？请结合你个人工作或生活中的实例，参与我们的讨论。

【释疑解惑】

　　"大五人格"模型将人格特质划分为 5 个纬度：外倾性、情绪稳定性、开放性、随和性、尽责性。外倾性：好交际，爱娱乐、感情丰富等。情绪稳定性：平静、有安全感。开放性：富于想象或务实、寻求变化或遵守惯例和顺从。随和性：热心、信赖，乐于助人。尽责性：有信任，谨慎细心、自律。

　　吴桐关心员工、支持员工的兴趣爱好，经常举办娱乐体育活动，说明他不社恐、喜欢社交，他把公司营造出一个家庭般温暖的氛围，体现了他的外倾性、情绪稳定性、开放性和随和性；另外，他处事公正，细心谨慎，常常工作到凌晨才下班，说明他是很负责任的领导，具有尽责性。但也应注意，身为领导者，更多的精力应放在如何协调组织内部成员高效高质地完成计划，而不应当常常工作到凌晨。

　　可以看出，吴桐体现出来的领导特质在几个维度上都是相对全面稳定的。作为一家创业公司的老板，他的外倾性、开放性和尽责性有助于企业外部成长和内部成长。外倾性和开放性水平高，使他更容易在与环境、市场、人际的互动中获得有助于企业成长的发展机会，并且更易在企业中营造和谐的组织氛围，形成组织凝聚力，从而推动企业成长；尽责性高，使他会更加兢兢业业地将外部机会转化为发展的商机，并在内部将有利于企业发展的构想变成现实，从而推动企业成长。而他的随和性和情绪稳定性会更有利于企业在成长期和成熟期的发展，有利于企业长期稳定地发展下去。

（更多分析观点，请关注本课程"学习平台"的互动讨论区）

<------------------

5.1.2 是否有最好的领导风格？——领导风格理论

------------------->

困惑与思考

有三位持不同管理理论的主管。

徐方认为，按时完成工作任务是每个员工必须做到的，即使有特殊情况也不可以耽误任务的完成。

陈立认为，领导应当首先关心员工的身体健康以及心理状态，这是保持良好工作状态的重要条件。

李明认为，完成工作和关心员工都很重要，如果有特殊情况，可以适当延期完工，但是工作的质量依然要保证。

▶▶ 思考题：哪位主管的领导风格更好？

<------------------

本书前面提到，早期的领导有效性研究比较多的是从担任领导角色的个体本身寻找原因，学者们更多关注的是领导者特质。后来大量的研究发现，具备相同特质的人并不一定都成为了领导，或者同样都是领导，他们的特质却不完全一样。概括来说，个人特质对于领导的有效性有一定的影响，但并不是最关键性的因素。于是，人们开始关注领导的行为和风格，试图解释哪种领导行为或风格更有效。

比较有影响的领导风格（行为）理论有三种：勒温的领导方式理论、领导行为四分图理论、管理方格理论。

德裔美国学者库尔特·勒温（Kurt Lewin）将领导风格分为三种：第一种是"专制型"，专制型领导方式认为下属应该一切行动听指挥，领导做决策与下属无关，下属只能执行；第二种是"民主型"，民主型领导方式强调放权，将权力交给下属，领导者在听取下属意见、进行讨论后做出决策；第三种是"放任型"，放任型的领导方式事先无布置，事后无检查，权力完全交给下属。

勒温认为，这三种不同的领导风格，会造成三种不同的团体氛围和工作效率。在这三种领导行为中，民主型领导风格的工作效率最高，是最好的一种领导风格；放任型领导方式工作效率最低，是最差的一种领导风格。

勒温能够注意到领导者的风格对组织氛围和工作绩效有影响，并且区分出领导者的不同风格和特性，这对实际管理工作和有关研究非常有意义。但是，勒温的理论仅仅注重领导者本身的风格，没有充分考虑到领导者实际所处的情境因素，因为领导者的行为是否有效，不仅取决于其自身的领导风格，还受到被领导者和周边的环境因素影响。因此，这一理论也是有局限的。

- - - - - - - - - - - - - - - - - - ➤

知识链接

◎库尔特·勒温（Kurt Lewin，1890～1947），德裔美国心理学家，拓扑心理学的创始人，实验社会心理学的先驱，传播学的奠基人之一，被称为"社会心理学之父"。

◎勒温作为实验社会心理学的创始人，他认为社会心理学的研究应面向实际问题并解决这些社会实际问题。勒温和他的学生所设计的众多实验，对于后世心理学家在社会心理学、学习论及行为动力学等方面研究提供了研究手段和方法论支持。

资料来源：MBA 智库（https：//wiki. mbalib. com/wiki/库尔特·勒温）

美国俄亥俄州立大学学者于 1945 年提出了领导行为四分图理论，该理论根据"关心任务"和"关心人"程度这两个维度，对领导行为（风格）进行分类。

（1）"关心任务"维度。分为"高"和"低"两个等级，"高任务"是指领导者主要关注的是怎样去完成任务。"低任务"则是指领导者对任务的关心程度相对较低。"关心任务"维度得分高的领导者，他在工作当中会强调为员工确定具体的工作任务，制定具体的绩效考核标准，确定工作的最后期限，等等，领导者强调任务的完成以及怎样去完成，他们的重心放在任务的分配、监督等方面，往往表现为以工作为中心。

（2）"关心人"维度。分为"高"和"低"两个等级，"高关系"是指领导者尊重和关心下属的看法和感受，强调建立相互信任的工作关系。"低关系"则是指领导者在这方面的关心程度相对较低。"关心人"维度得分高的领导者，强调帮助下属解决个人的问题，会欣赏和支持自己的下属，强调关注下属的感受，关注上下级良好关系的建立，相比于关心任务，他们往往以人际关系为中心。

根据"关心任务"和"关心人"维度的高低可以将领导行为分为四种：高关系高任务、低关系低任务、高关系低任务、低关系高任务。领导行为四分图认为，高关系高任务是最好的领导行为。

美国管理学者布莱克（Robert R. Blake）和莫顿（Jane S. Mouton）在 1964 年提出了管理方格理论。管理方格理论是在领导四分图基础上发展而来的，其也是根据"关心任务"程度和"关心人"程度两个维度对领导行为（风格）进行划分，每个维度划分为 9 个等级，共有 81 种不同类型的领导风格，其中有五种典型的领导风格。

1.1 型，"贫乏型"领导，这种领导风格对业绩和对人关心都很少。

1.9 型，"乡村俱乐部型"领导，这种领导风格对业绩关心少，对人关心多。

9.1 型，"军事化型"领导，也叫"专制任务式"领导。这种领导风格对任务关心多，但是对人不太关心，作风专制。

9.9 型，"团队型"领导，也叫"战斗集体式"领导行为。这种领导风格对任务和对人都很关心。

5.5 型，"中庸型"领导。这种领导行为既不是那么地关心人和关心任务，又不是完全不关心，风格中庸。

到底哪一种领导形态最佳呢？布莱克（Robert R Blake）和莫顿（Jane S Mouton）组织了许多研讨，得出结论：9.9 型，也就是"团队型"领导行为属于理想式领导行为，也是最好的一种领导风格。

领导行为理论集中研究领导的工作作风和行为对领导有效性的影响，主要是从对人的关注和对生产的关心两个维度，以及从上级控制和下属参与的角度对领导行为进行分类，这些理论在确定领导行为类型与群体工作绩效之间的一致性关系上取得了一定成功。

但是，领导行为理论忽视了情境因素的作用。毫无疑问，领导行为方式与领导有效性之间的关系受到组织类型、下属特点、时代特征等多方面情境因素的影响。为了说明领导有效性，应当把情境变量纳入研究视野之内。

在这里，同大家分享一个现实案例。

有一次我在给 MBA 学员上课的过程中，一位刚创业几年的 MBA

学员说出了他的烦心事："我非常重视公司的日常管理，凡是可以量化考核的工作，我都制订了相应的考核指标。但是有些岗位的工作很难制订量化考核指标，于是我便经常去巡视，严格监管他们的工作投入程度。我每次巡视时，都会发现有一些员工的工作态度比较散漫，一旦发现员工没有履行职责，我就会请他们走人。然而，这样做的效果并不理想，一方面我自己需要花费太多时间去监管，身心疲惫，另一方面员工的工作投入似乎也没有太大变化。"

另一位MBA学员站起来说："我认为这种严密监督员工的做法有问题，不应盲目地对员工实行严格监管，而应该多多了解员工的需求，信任员工，关心员工的成长与发展……"一时间，大家对这个问题展开了激烈的讨论。

这两位学员实际上采用了两种不同类型的管理风格。第一位学员强调的是对员工进行严密的监管，靠权力和强制命令来进行管理，属于专制型领导风格；第二位学员强调的是要给下属较大的工作自由空间，了解员工的需求，关心员工的成长与发展，属于民主型领导风格。这两种风格，不存在哪种较好，哪种较差。首先，专制型领导方式有利于解决现阶段员工工作懈怠的问题，但是员工大多处于销售职位，自由度较大，监控这种方式只会打击员工积极性，所以只靠专制式领导方式是不能从根本上解决员工问题的。其次，民主型领导方式虽然看起来较为适合当前的状况，但时效性较慢，无法立即解决问题。因此我给出的建议是，只有考虑具体的领导情境，才能够找到正确的领导方式。如何考虑领导情境因素，这是下一章节将要介绍的重要内容"领导情境理论"。

现在，回到本节开始的"困惑与思考"：哪位主管领导风格更好？

徐方更关心任务的完成，陈立更关心员工的看法和感受，而李明既关心任务的完成也关心员工的感受。根据领导行为四分图理论，徐方、陈立、李明分别属于低关系高任务、高关系低任务、高关系高任务的领导行为。

其实，这三位主管的领导风格并非存在哪种最好，哪种最差。领导行为方式与领导有效性之间的关系受到组织类型、下属特点、时代特征等多方面情境因素的影响，我们必须与这三位主管所处的领导情境结合起来，才能够更为精准地对他们的领导风格进行评价。

----------------➤

思考与研讨

有人认为，对一个领导者来说，对下属人员采取"敬而远之"的态度是最好的行为方式，如果"亲密无间"的话会松懈纪律。你赞同这个观点吗？

请结合你个人工作或生活中的实例，参与我们的讨论。

【释疑解惑】

不赞同，领导者应当综合实际情况，判断选择"敬而远之"或"亲密无间"的管理方式。采取"敬而远之"的态度可能对某些领导者和某些工作环境有用，特别是在需要保持一定纪律和权威的情况下。然而，这种态度也可能导致员工感到孤立和不受尊重，可能会对员工的士气和工作表现产生负面影响。相比之下，建立亲密的工作关系可能有助于建立更强的信任和沟通，使员工更加积极主动地参与工作并享受工作过程。领导者也需要在维持亲密关系和保持专业性之间寻找平衡。

（更多分析观点，请关注本课程"学习平台"的互动讨论区）

◀----------------

5.1.3 是否有最好的领导模式？——领导情境理论

- - - - - - - - - - - - - - - - - ->

困惑与思考

李经理刚晋升为某景观设计公司设计部经理，升迁的喜悦和因升迁产生的压力一起出现。

他的几位下属中，小张毕业于名校，专业能力过硬，但总觉得自己大材小用，所以平常不太遵守公司纪律，对客户也不够耐心。

小王并非科班出身，之前对景观设计行业不太了解，业务能力不够强，但工作态度很好且虚心进取。

小杨的工作经验非常丰富，能力强，并且工作认真负责。

相比较之下，小邹能力较差，设计方案经常出纰漏。面对平时工作中出现的错误，他总是抱着敷衍了事的态度，并非真正虚心接受。

▶▶**思考题**：面对这几种不同类型的员工，李经理应该采取什么样的领导方式？

- - - - - - - - - - - - - - - - - -

现在，多数学者认为，应该根据情境的不同，选择不同的领导者、不同的领导行为（风格），这一类理论被称为"领导情境理论"，又称为"权变领导理论"。

所谓"权变"，就是根据情境的不同，权宜因变。领导情境理论认为，不存在适用于所有情境的管理方法，领导者要根据组织外部环境和内部条件的变化，相应地改变自己的领导风格，从而满足不同的情境需求。

比较有影响的"领导情境理论"有三种：权变领导理论、领导生命周期理论、途径—目标理论。

美国管理学者弗雷德·费德勒（Fred E. Fiedler）于 1951 年提出了权变领导理论。为了弄清楚在不同领导情境下，哪种领导风格最有效，费德勒开展了调查研究。费德勒总结了影响领导形态有效性的环境因素，认为主要有三种因素决定了"领导情境"的特征。

（1）上下级关系：领导者能否得到下属的信任、尊重和喜爱。

（2）职位权力：领导者所拥有的职位权力大小，以及下属对领导者权力的认可度。

（3）任务结构：工作任务的复杂程度、工作的目标、方法和步骤是否明确。

上下级关系分为好、差两种；职位权力分为强、弱两种；任务结构分为明确、不明确两种。这几种情况的排列组合，可以分为八种情境类型。在费德勒看来，在领导情境的三个因素中，"上下级关系"是最重要的因素，"有利"的"领导情境"的必备条件是"上下级关系"好。如果"上下级关系"好，只要职位权力和任务结构这两个因素中，有一个因素的条件比较好，就属于"有利"的"领导情境"，如表 5 - 2 中的 1、2、3 这三种环境类型所示；如果"领导情境"的三个因素都不理想，就属于"不利"的"领导情境"，如表 5 - 2 中的环境类型 8 所示；其他的情况如表 5 - 2 中 4、5、6、7，则属于"中等"的"领导情境"。

表 5 – 2 费德勒的权变领导模型

上下级关系	好				差			
任务结构	明确		不明确		明确		不明确	
职位权力	强	弱	强	弱	强	弱	强	弱
环境类型	1	2	3	4	5	6	7	8
环境有利程度	有利				中间状态			不利
领导风格	任务型				关系型			任务型

　　费德勒对接受调查的领导者的风格进行了分类。他设计了一种非常有特色的调查问卷——最不喜欢的同事（LPC）调查问卷，要求大家对自己心目中最不喜欢的一位同事进行评价。如果他是以相对积极的词汇来描述最不喜欢的同事，LPC 得分相应就高，费德勒认为这位领导注重人际关系，他的领导风格属于"关系导向型"；如果他对最不喜欢同事的评价很差，LPC 分数相应就低，费德勒认为这位领导可能更加关注生产，他的领导风格属于"任务导向型"。

　　费德勒的调查结果发现，在"有利"和"不利"这两种"领导情境"下，采取"任务导向型"的领导方式，领导者绩效较为理想；而在"中等"的"领导情境"下，采取"关系导向型"的领导方式，领导者绩效较为理想。

　　前段时间，一位 MBA 学员告诉我，他所主管的营销策划组有位员工小张。"小张头脑灵活、思维发散，经常能提出很不错的创意和策划方案，但是不太服从管理，甚至开会时会与我唱反调。"这位 MBA 学员咨询我应该如何管理小张这种类型的员工。我发现他遇到的就是很典型的"领导情境"问题，就帮他进行了分析。首先，他与小张的上下级关系不够理想，而且营销策略任务属于一种复杂型工作任务，并且他只是一个部门主管，实际的职位权力并不大。综合分析，他实际处于一种"不利"的"领导情境"。在这种领导情境下，我建议他对团队实行任务型导向的领导风格，需更加关注工作与业绩能力的提升，调整之后，果然有了比较明显的管理效果。

领导生命周期理论是由美国学者保罗·赫西（Paul Hersey）和肯尼斯·布兰查德（Kenneth Blanchard）提出来的，该理论认为领导风格应根据下属的成熟度而相应改变。该理论是在领导风格四分图基础上发展而来的，按照"关心工作程度"和"关心人的程度"两个维度，将领导风格划分为四种类型：命令型领导方式（高工作—低关系）、说服型领导方式（高工作—高关系）、参与型领导方式（低工作—高关系）、授权型领导方式（低工作—低关系）。

（1）命令型，实际上就是"高工作—低关系"型，在这种领导方式下，由领导者决定下属做什么、如何做以及什么时间完成任务，不关心下属的工作意愿，通常采用单向沟通方式。

（2）说服型，实际上就是"高工作—高关系"型，在这种领导方式下，领导者除了向下属布置任务外，还关心下属的工作意愿，并与下属共同商讨工作，通常采用双向沟通方式。

（3）参与型，实际上就是"低工作—高关系"型，在这种领导方式下，领导极少命令下属，与下属共同进行决策，强调激发下属的工作意愿。

（4）授权型，实际上就是"低工作—低关系"型，在这种领导方式下，领导者几乎不提供指导或支持，通过授权鼓励下属自主做好工作。

领导生命周期理论认为下属的成熟度包括两个方面。（1）工作成熟度：下属是否具备完成该任务的知识与技能。（2）心理成熟度：下属是否具备足够的工作意愿与动机。根据这两个维度的高低，下属的成熟度可以分为以下四种。

M1（第一种）：工作成熟度低，心理成熟度低。

M2（第二种）：工作成熟度低，心理成熟度高。

M3（第三种）：工作成熟度高，心理成熟度低。

M4（第四种）：工作成熟度高，心理成熟度高。

领导生命周期理论认为，要依据下属不同的成熟度，选择不同的领导风格。

当下属为 M1 型，即工作成熟度和心理成熟度都很低时，应该选择"命令型"领导方式；当下属为 M2 型，即工作成熟度较低、心理成熟度较高时，应该选择"说服型"领导方式；当下属为 M3 型，即工作成熟度高、心理成熟度较低时，应该选择"参与型"领导方式；当下属为 M4 型，即工作成熟度和心理成熟度都很高时，应该选择"授权型"领导方式。

------------------→

知识链接

◎弗雷德·费德勒（Fred E. Fiedler）：权变管理创始人，美国当代著名心理学家和管理学家，美国西雅图华盛顿大学心理学与管理学教授，兼任荷兰阿姆斯特丹大学和比利时卢万大学客座教授。他提出的"权变领导理论"开创了西方领导学理论的新阶段。

◎罗伯特·豪斯（Robert J. House）："途径—目标"理论的最早提出者，多伦多大学组织行为学教授。他于 1971 年发表《有关领导效率的"目标—途径"理论》，于 1974 年发表《关于领导方式的"目标—途径"理论》，这两篇文章在管理学界产生了很大影响。

◎保罗·赫西（Paul Hersey）：全球著名领导力大师，情境领导模型创始人，美国领导力研究中心（CLS）创始人、主席。他在其经典著作《组织行为学》一书中，全面阐述了情境领导模式。

◎肯尼斯·布兰查德（Kenneth Blanchard）：美国著名的商业领袖，管理寓言的鼻祖，当代管理大师，情景领导理论的创始人之一，最富有洞察力和同情心的学者，曾荣获国际管理顾问麦克·菲利奖。

资料来源：MBA 智库（https：//wiki. mbalib. com/wiki/权变理论学派）

"途径—目标"理论是加拿大多伦多大学罗伯特·豪斯（Robert J. House）教授于 1971 年提出的。这一理论以期望值理论为依据，认为激励因素的大小受个人实现目标的可能性大小和目标的价值决定。"途径—目标"理论的思想在于：有效的领导者通过指明实现工作目标的途径来帮助下属，并为下属清理路途中的各种障碍和危险，从而使下属的行动更为顺利。该理论认为，领导者不仅要帮助下属阐明并实现目标，还要对下属提供必要的指导和支持，排除下属实现目标中的障碍。在工作中要给下属多种满足需要的机会。领导者的效率取决于他促进下属达成组织目标并使下属在工作中得到满足的能力。

按照"途径—目标"理论，领导者的行为被下属接受的程度取决于下属是将这种行为视为即时满足的源泉还是作为未来获得满足的手段。领导行为的激励作用在于使下属的需要满足与有效工作绩效联系在一起，提供了有效的工作绩效所必需的辅导、指导、支持和奖励。为此，罗伯特·豪斯区分了四种领导风格。

（1）指导型领导。领导做决策，下属不参与；领导发布指示，明确下属做什么、怎么做。

（2）支持型领导。领导帮助下属解决个人问题，在下属圆满完成工作时给予赞赏和表扬；领导不坚持一定按照自己的方式去做，不拒绝有关变更的建议；公平对待所有的下属，愿意解释自己的行为，友好并且容易接近。

（3）参与型领导。领导鼓励下属提供有关决策建议，并且在最终决策中酌情采纳下属的建议。

（4）成就取向型领导。领导为下属设置挑战性的目标，激励下属最大限度地发挥潜力。

现在，回到本节开始的"困惑与思考"：面对这几种不同类型的员工，李经理应该采取什么样的领导方式？小张属于工作成熟度高、心理成熟度低，处于 M3 阶段，应采取高关系、低工作的参与型领导方式。小王属于工作成熟度低、心理成熟度高，处于 M2 阶段，应采取高关系、高工作的说服型领导方式。小杨的工作成熟度和心理成熟度都较高，成熟程度为 M4 阶段，应采取低工作、低关系的授权型领导方式。小邹的工作成熟度和心理成熟度都较低，成熟程度为 M1 阶段，应采取低关系、高工作的命令式领导方式。

-------------------➤

思考与研讨

请根据豪斯提出的四种领导风格，对你的领导（或者你所了解的一位领导）进行分析。他属于何种领导风格？对他的领导绩效与领导风格之间的关系进行评价。

【释疑解惑】

一位领导属于典型的指导型风格，安排每次任务都会把开展思路、注意事项、要求的完成时间和标准等讲解得非常细致。这样的领导风格对于工作技能不是很高的员工从事有挑战性的任务较为适用，能够提高工作效率，在最短的时间获得最好的产出，员工在没有很大压力的情境下获得了成长，团队是高绩效且高凝聚力的，这位领导颇受大家信赖和敬仰。

另外一位领导属于成就取向型领导风格，通常情况下制定的目标难度很高、挑战很大。这种风格带有博弈色彩，一旦达成，创造出的效益是质的飞跃。对于员工而言，压力和挑战较大，不利于团队凝聚力的形成。下属对该领导风格评价褒贬不一。

（更多分析观点，请关注本课程"学习平台"的互动讨论区）

5.2 领导与组织变革：企业家精神与创新变革

困惑与思考

诺基亚和柯达都曾经是世界领袖级企业，强盛之时无人能望其项背。然而，这样的企业却黯然陨落。诺基亚在智能手机领域被苹果、三星打得毫无还手之力，市场份额和销售收入一落千丈；而柯达更为悲惨，宣布申请破产保护，并出售 1100 多项专利，作为行业的领先者，其结局令人唏嘘费解。

▶▶**思考题**：诺基亚、柯达当年在产品和技术方面，都属于行业领先者，为什么会突然黯然陨落？出了什么问题？

英明的领导者之所以与众不同，是因为其与普通的管理者存在着本质的差别。我们用"领导"和"管理"二词，分别同"革命""企业""团队""设备"这些词组合搭配，从而进一步理解"领导"与"管理"的区别。

例如，"领导一场革命""领导一家企业""领导一个团队"，等等，都可以搭配，但是"领导一台设备"这种搭配是不准确的。

"管理一台设备""管理一个团队""管理一家企业"都可以搭配，但是"管理一场革命"这种组合搭配是不恰当的。

由此可见，"管理"的实质与"领导"的实质是有区别的，"管理"侧重控制事物、控制人，而"领导"侧重挑战现状、实现变革。

德国心理学家卡尔·邓克尔（Karl Danker）做过这样一个实验。他将实验对象随机分为 A、B 两组。交给 A 组成员一根蜡烛、一些可以固定蜡烛的绳子、图钉，再给他们一盒火柴，对他们提出的要求是：把蜡烛固定在墙壁上，并点燃，当蜡烛燃烧时，蜡烛油不能滴在地板上。这一组成员，尝试了很多方法，都无法确保蜡烛油不滴到地板上。

同样的试验，交给 B 组成员一根蜡烛，一些可以固定蜡烛的绳子、图钉，再给他们一个空的火柴盒，另外单独给他们几根火柴棍。对这组成员提出的要求也是：把蜡烛固定在墙壁上并点燃，要求当蜡烛燃烧时，蜡烛油不能滴在地板上。

结果发现，B 组的多数成员很快就会想到，先将空火柴盒用图钉固定在墙上，再将蜡烛放到空的火柴盒上，然后点燃，这样就可以保证蜡烛油不会滴在地板上。当然，A 组的成员需要过一段时间后，也会有人想到这种方案。

这说明当盒子装满火柴时，我们认为那只是一个装火柴的容器，而当这个盒子没有火柴的时候，我们更容易想到这是一个可以支撑蜡烛的支撑物。现实生活中，类似的现象是大量存在的，这就是一种惯性思维。

在现代企业中，什么样的领导能够被称为企业家？如果只是做一些重复、没有创造性的事情，最多可以算是一位合格的领导，而不是一位企业家。那么企业家意味着什么呢？企业家的一大特征，就是愿意面对和承担未来的风险，而追求确定性的人，往往是不能成为优秀的企业家的。

经济学家让·巴蒂斯特·萨伊（Jean‐Baptiste Say）对企业家的定义："企业家是敢于承担风险和责任，开创并领导一项事业的人"。也就是说，企业家和企业家精神的本质就是创新精神。

---------------------➤

知识链接

◎让·巴蒂斯特·萨伊（Jean‐Baptiste Say，1767~1832），法国经济学家，古典自由主义者。他是继亚当·斯密、李嘉图之后，古典经济学派兴起之后的又一个经济学伟人。其主要成就为重新阐释斯密学说，推动经济学实证化，提出萨伊定律。

资料来源：MBA 智库（https：//wiki. mbalib. com/wiki/让·巴蒂斯特·萨伊）

◄---------------------

现代组织中的领导，必须把握现代管理创新的趋势。今天的创新出现了两种新的趋势。

创新的第一个趋势是"商业模式创新"。今天，很多企业的成功，不仅仅是因为他们创造了一种新产品或一种新的技术，更重要的是他们创造了一种新的商业模式。有人说，苹果公司的成功在于它创造了实力强劲的芯片和独立的软件系统，其实不然，它的成功并不完全依赖于科技领域的创新，其独特的商业模式也是公司创造惊人价值的重要源泉之一。大家都知道，传统的手机制造商是靠手机产品本身的利润赚钱的。苹果公司是怎么赚钱的呢？

第一，靠产品赚钱。例如，卖给客户一部手机，从中赚了 200 元，这是苹果公司的第一种赚钱方式。第二，靠 App 赚钱。App 一方面提供收费的软件给用户，另一方面又向 App 开发商收取平台费用，这是苹果公司创造的一种新的赚钱方式。第三，靠 MFI（Made for iPhone；Made for iPad；Made for iPod），也就是苹果公司通过认证产品赚钱。比如说，苹果手机经过 MFI 认证的原装数据线中，售价在 100 元左右，而山寨版的数据线可能只要 10 元钱。山寨版的数据线可以正常使用一段时间，但是，一旦苹果手机系统升级，山寨版的数据线就可能用不了。因为苹果手机充电口装了芯片，可以自动识别数据线是否经过了 MFI 认证。

苹果公司更大的利润来源是什么？是大数据。我们在使用苹果手机过程中，苹果公司掌握了客户的大数据，包括用户的消费习惯和消费能力等。苹果公司可以根据客户的大数据，开发出大量的衍生产品，这将源源不断地给苹果公司带来新的利润。

什么是好的商业模式？如果你靠什么赚钱，你的竞争对手都知道，这就不是一个好的商业模式，因为，只要资本实力比你雄厚一点的竞争对手，就可以复制你的商业模式，甚至可能把你挤出市场。好的商业模式一定是"冰山模式"，你的赚钱方式，竞争对手只知道"冰山"一角，你更多的赚钱方式，竞争对手根本不知道，或者根本没有办法模仿，这才是好的商业模式。

创新的第二个趋势是"颠覆性创新"。颠覆性创新的一种重要形式就是跨界创新。过去我们说，从一个行业进入一个新的行业，是存在行业门槛的，今天我们会发现，这个行业门槛越来越低了，跨界竞争成为一种常态。

我们学校附近有很多自行车店，这些卖自行车的老板每天都盯着隔壁的同行，认为他们是竞争对手。可是就在 2017 年春节后，这些老板发现生意做不下去了，只是过了一个春节，发生了什么？原来在春节期间，长沙短时间内出现了大量的共享自行车，与全额买一辆自行车相比，共享单车不仅绿色环保，而且更能满足消费者短期出行的需求。这个结果应该是自行车店老板怎么也想不到的，让自己倒闭的不是"隔壁老王"，而是跨界的"共享自行车"。

今天，很多行业都会发现，最大的竞争不是来自行业内部，而是来自行业外部的跨界竞争，这种跨界竞争往往是一种颠覆性创新，带来的是颠覆性冲击。例如，中国银行、中国工商银行、中国建设银行、中国农业银行，原来他们更多的是将彼此看作竞争对手，今天他们发现，最大的竞争对手并不是来自行业内部，而是来自行业外部的互联网金融，这就是颠覆性创新。

现在，回到本节开始的"困惑与思考"：诺基亚和柯达当年在产品和技术上都是领先的，他们失败的原因是什么？诺基亚和柯达拒绝时代潮流的发展，没有跳出"创新只在于产品领域"的范畴，虽然他们的产品和技术是领先的，但这只是一些基础性的继承式创新，诺基亚和柯达因为没有实现颠覆性创新，从而被跨界的竞争对手颠覆了。诺基亚和柯达不是输在没有创新，而是输在没有进行颠覆性创新，过多地将创新集中于那些没有发展前途的传统领域，而没有实现突破性的颠覆性创新，从而导致企业的没落。

现代领导必须高度重视创新，不仅要重视产品创新、技术创新、管理创新，还要实现更高层次创新：商业模式的创新。当然，产品创新、技术创新、管理创新，这些都是基础，强调商业模式的创新，丝毫不能否定产品创新、技术创新、管理创新的基础性作用；也就是说，现代企业不仅要实现继承式创新，还要实现更高层次的创新：颠覆式创新。

--------------------➤

思考与研讨

　　现实生活中，很多人都将一些成功的商人称为"企业家"，一些地方政府经常为纳税大户颁发"优秀企业家"等荣誉称号。你认为，企业家与一般商人有差别吗？学以致用，请结合你个人工作或生活中的实例，参与我们的讨论。

【释疑解惑】

　　一般商人通常是在某个领域或市场上经营生意，通过销售商品或提供服务来获取利润。他们通常以自己的技能和经验为基础，经营小型或中型企业，目的是获得稳定的收入并确保企业的生存和发展。

　　企业家更注重创新和风险，他们寻求创建新的企业或扩大现有企业的规模和影响力，为市场提供新的产品和服务，通过开拓新市场来获取更多的利润。他们通常拥有更广阔的视野和创新的思维方式，能够预见并把握机会，并愿意承担风险和不确定性。企业家通常拥有更多的资源，并能够在经营过程中不断吸收新的资源和技能，以支持企业的长期发展。除此之外，他们往往具有更强的领导力和团队建设能力，能够吸引和激励高素质的员工，共同实现企业的目标。

　　可见，企业家和一般商人虽然都从事经营活动并赚取利润，但他们在经营方式、思维方式、资源和资本的配置、领导力和团队建设能力等方面仍存在一定差别。

　　（更多分析观点，请关注本课程"学习平台"的互动讨论区）

◄--------------------

第 **6** 章

案 例 分 析

6.1 案例1：有缺陷的能人

------------------->

困惑与思考

　　韩笑是一家建材公司的高层管理者，最近她因为公司一名店长的一些"小毛病"而感到苦恼。

　　店长刘芳是个颇有能力的人，与店内的员工关系融洽，公司业务的发展非常需要这种"能人"。但刘芳在工作中小毛病不断，如经常无故迟到。

　　公司规章制度明确规定：如当月有违纪行为，罚全勤奖500元，每次迟到均扣工资100元（允许特殊情况的迟到，但必须事先向韩笑请假，事后有任何理由都不能算数）。起初，韩笑经常接到刘芳的请假电话，后来变成了短信，最后连短信也没有了。韩笑每一次询问刘芳迟到原因时，刘芳都解释说：我已经通知了门店的其他人员，并事先对工作都做了安排，对工作没有影响。韩笑利用业余时间与刘芳进行了多次沟通，韩笑告诉刘芳：身为店长，应该以身作则。刘芳也承认自己经常迟到会对其他员工产生不好的影响，并表示会尽力去改正。然而事实是，刘芳依旧如故，对罚款表示无所谓。

韩笑认为罚款只是手段，并不是目的，因此试图采用其他方法让刘芳不再迟到。韩笑为此每天很早就守候在刘芳上班的门店，同时拿来一个本子，要求全体员工签到。刘芳很不配合，认为迟到并不是什么大不了的事，才几分钟，又不影响工作，至于这样大动干戈吗？

刘芳家离工作地点不远，她平日骑车上班，不存在堵车之类的突发事件，迟到也一般都在 1~5 分钟。很少超过 10 分钟的，只要每天她提早 10 分钟出门，她就肯定不会迟到。韩笑认为，这是刘芳工作态度的问题。

受刘芳的影响，一些员工也开始迟到，甚至上班时间擅自离岗，这是公司从未出现过的现象，韩笑感到很苦恼……

面对这样一个有缺陷的能人，韩笑该怎么办呢？

▶▶ 思考题：（1）你认为这家公司出现了什么问题？问题的后果是什么？（2）出现这样问题的责任在谁身上？（3）我们应该如何管理这些优点和缺点同样突出的员工呢？

这是我的一个 MBA 学员曾经提供的一个真实案例。相信大家看过这个案例后，都会有一种似曾相识的感觉，我们经常会碰到这种有缺陷的能人。面对这种员工，我们应该如何做？在前面的案例分析过程中，我曾经说过，我们解决任何问题都应该梳理清楚几点：第一，到底出现了什么问题？这个问题是否严重？第二，这个问题到底出在哪些部门或者哪些人身上？最大的责任人是谁？第三，如何去具体解决这个问题？下面按照这三点展开分析。

这家公司到底出现了哪些问题？问题出现在哪些人身上？

（1）从员工个人层面来看，刘芳的工作态度和生活习性存在一定的问题。刘芳业务能力强，与员工相处融洽，是大家心目中的"能人"。但是刘芳在工作时间经常无故迟到，并且认为这不是什么大不了的事，可见刘芳并不是一个"听话"的员工。在刘芳眼里，她的职责仅限于完成既定的工作任务，至于公司的规章制度，对她来说形同虚设。她不想被规矩约束，也不愿意服从领导的安排，甚至还对领导的良苦用心感到不解和愤怒，这些都可以看出她的工作态度存在问题。

（2）从管理者个人层面来看，韩笑的管理能力有待提高。韩笑作为公司的高层领导，面对刘芳这样一个有缺陷的"能人"，可以说是"爱恨交加"。韩笑采取了诸如罚款、监督签到等方法，但是都没有达到应有的管理效果，她在管理方式和方法上是存在问题的。换言之，韩笑本人的管理能力有待提升。

（3）从公司管理体系层面来看，公司制度的执行力和人才储备存在问题。虽然公司的一些规章制度比较明确，但是在执行和落实上存在问题。正是因为制度执行不力，才导致问题迟迟得不到解决。公司在人才梯队建设方面也存在问题，刘芳之所以可以肆意行事，一个重要原因是公司目前没有合适的人选可以替代她。

"千里之堤，溃于蚁穴"。我们不能轻视员工"工作态度"和"生活习性"的重要性，看似无关紧要的小问题，却能成为影响组织发展壮大的"拦路虎"。刘芳"迟到"一事，表面上看暂时还没有影响到门店的正常运转，但实际上已经引发其他员工跟风效仿，久而久之，整个门店的风气都会受影响，并将进一步影响到其他员工的工作态度，这些必然会对公司的日常管理和未来发展带来严重的影响。

管理制度是现代企业运行的基本保障，如果公司制度形同虚设，必将造成管理上的混乱，并将直接影响企业的生存与发展。刘芳漠视公司规章制度，将擅自离岗视为理所当然，这为其他员工的目无章法和不服从管理提供了"样板"。这些问题如果得不到很好的解决，将淡化公司规章制度的效力、影响公司高管团队的威信、不利于团队的凝聚力和高绩效团队建设。日久天长，整个公司管理体系将会变成一具空壳，人心涣散，效益低下。

因此，面对上述问题，不能放任自流，要及时干预纠正才能防患于未然，避免不良影响的继续扩大。

出现这些问题，责任人是谁？

人们常说：孙悟空是一个优秀员工，但是"没有紧箍咒的孙悟空绝不是个好员工"，同时我们也知道，没有孙悟空的西游记团队，是难以完成西天取经任务的。面对刘芳这种有缺陷的能人，如果公司能够善加利用，同时改变其"缺陷"，这种有缺陷的"能人"就可以成为公司的优秀员工；反之，这种有缺陷的"能人"则有可能成为公司发展中的"破坏者"。从本案例来看，刘芳本人的工作态度和生活习性确实存在一些问题。但是，问题产生的根源在于公司高层的管理能力和公司相关管理体系有待进一步提高、完善。如果公司缺乏激励和约束这种有缺陷能人的制度体系，公司管理层又缺乏驾驭这种有缺陷能人的方法和技巧，那么公司就只能聘用一些无缺陷但又没有能力的人，这种公司是难以发展壮大的，甚至难以在现代市场竞争中获得生存空间。

如何解决这些问题？

第一步，要明确解决问题的方向。具体到本案例来说，也就是要明确刘芳这类有缺陷的能人是否应该留下。

是否留下一个人，就需要看这个人对公司的破坏性大于建设性，还是建设性大于破坏性。如果一个员工的破坏性远大于建设性，那就应该毫不犹豫地辞退，让他去影响你的竞争对手。显然，从目前情况来看，刘芳这种有缺陷的能人对于公司的建设性是大于破坏性的，应考虑留任。

第二步，如何改变刘芳的工作态度？

可以以态度的相关理论和领导的相关理论作为指导。

从态度改变理论出发，态度是由情感成分、认知成分和行为成分构成的，并且以"情感"成分为"核心"。要想改变有缺陷能人的态度，应从情、利、理三方面入手解决问题，对症下药才能药到病除。

首先，以"情"动人，实际上也就是围绕"情感成分"采取措施，这是改变刘芳态度的核心。刘芳迟到的原因，会不会有特殊情况？是不是需要提前送孩子上学，以至于每天早上都非常匆忙？"感人心者，莫先乎情"，能够感化人心的事物，没有比"情"更好的。只有用真情，才能去感化人心，一旦员工对组织产生了感情，感受到了组织对他的尊重，便会自然而然地产生共情力和责任感，甚至愿意为了集体利益牺牲个人利益。

其次，以"理"服人。以"理"服人实际上是围绕"认知成分"采取措施。可以尝试从三个方面着手。

一是管理者应该学会与员工进行深度沟通，让员工明白遵守规章制度的重要性，厘清个人的职业生涯规划以及迟到问题涉及的利弊关系。

二是管理者要学会施加一定的团队压力，利用"合理"的制度影响员工。例如，可以设立一些团队奖励，但前提条件是团队成员迟到次数有限制，如果因为刘芳的迟到而导致团队成员失去奖励，则有可能给刘芳带来较大的团队压力。

三是公司要注意培养合适的接班人，一方面可以避免个别"能人"恃才傲物，另一方面可以为制度的实施增加保障。

此外，关注员工的切身利益。具体来说，企业可以从物质利益、精神需求等方面为员工提供平台，实现公司和员工的共同愿景。把员工的切身利益与企业的规章制度挂钩，从而更好地约束管理员工的行为。

从领导理论出发，根据领导生命周期理论可知，有效的领导者的风格要与下属的成熟度相适应。

案例中的店长刘芳能力强但是工作积极性和主动性差。根据领导生命周期理论，应该采用参与式的领导风格，也就是高关系、低工作的领导方式。作为公司高层管理者，韩笑应该采用双向沟通的方式与刘芳交流讨论、认真倾听下属的意见并尝试共同解决存在的问题。对于刘芳这样有能力的人才，如果采取罚款、监督签到等过度干预的管理方法，就会使刘芳感觉到被过分约束、小题大做，从而引起刘芳的不满，起不到很好的效果，甚至会适得其反，打击刘芳的工作积极性。

总之，管理者应该铭记"没有紧箍咒的孙悟空绝不是个好员工"的道理，不断完善企业的规章制度，寻求有效的管理方法。

------------------->

思考与研讨

"管理者要强势，还是要以情动人？"这是职场中热议的话题。请结合你个人工作或生活中的实例，参与我们的讨论。

【释疑解惑】

现实企业的管理并不是简单的非此即彼，管理者在管理过程中既可以"霸权之中有人情",也可以"怀柔之下有铁腕",应根据具体任务要求、团队成员特性等因素灵活处理。例如,对于工作能力较强、成就导向明显的员工来说,强势的管理会让员工"喘不过气",甚至会抹杀员工的积极性和创造力;而对于那些工作态度不端正、在原则问题上犯错的员工来说,一味地"以情动人",换来的很有可能是放纵和隐患。

好的管理者应基于企业合理的规章制度,对员工"晓之以理、动之以情"。首先,合理的规章制度是企业有序运行的基础,制度的制定和修改应充分考虑企业的发展阶段、业务性质等因素。其次,"晓之以理"需要让员工充分了解组织的制度、原则、立场。作为组织的主心骨,管理者需要起到榜样作用,带头实践"理"并在某些关键问题上把好船舵。第三,"动之以情"需要管理者充分了解员工行为背后的原因,尊重员工,建立起双向的情感共鸣。

（更多分析观点,请关注本课程"学习平台"的互动讨论区）

6.2 案例2：销售部的责任

困惑与思考

某化工公司是生产销售卫生面材的,销售部经理谢先生在与客户的接触中发现客户经常抱怨几件事:

（1）售出的材料,拉力太大或太小都会影响产品的质量,在调试的过程中增加了材料的浪费。

（2）售出的材料质量不稳定。

（3）交货不准时的现象时有发生。

面对这种现象，谢经理组织了一次本部门会议，征求各销售人员的意见。销售员王某认为这几个问题都不是本部门所能解决的，最多只能把情况反映上去。张某认为应该直接与生产部、技术部和运输部联系，以取得相关部门的支持。其他几个销售员也都认为这不是销售部的责任。

谢经理听取这些意见之后，决定以书面报告的形式直接向总经理李先生汇报。总经理李先生看完报告后，立即把营销副总经理郑先生找来，要他负责解决这些问题。郑副总看了报告后把销售经理谢先生找来，首先责问为什么不向他报告，后又指示谢经理与相关部门直接联系以解决这些问题。

谢经理根据郑副总的指示，先后与相关部门进行联系，得到如下答复。

储运部：因为没有成品，生产跟不上，找生产部门去。

生产部：原材料供应不及时，影响生产进度，找供应部门去。

供应部：没有足够的资金，找财务部。

财务部：因为销售部回款不力，应收款占用大量资金。

技术部：可以为客户提供技术支持，你们没有告诉我们。

质管部：质量控制太严，更无法交货。

问题绕了一圈，又回到谢经理这里，可谢经理也有话说："不就是这些问题，客户才不按期付款的吗？"谢经理现在该怎么做呢？

▶▶思考题：（1）你认为该公司出现了哪些方面的问题？（2）最大的责任人（或责任部分）是谁？（3）如何去解决这一问题？

当遇到类似的问题时，应该厘清三个问题：第一，这是一个什么样的问题？第二，这个问题出在哪一个部门或者哪一个人身上？第三，如何解决这个问题？围绕着三个思考题，我们来一起讨论。

我认为该公司主要存在六个方面问题。

第一，权责不明。各部门之间互相推卸责任，存在"踢皮球"现象。在实际工作中，我们如何衡量一个公司权责是清晰的？很简单，如果一旦出现了某个问题，凡是与这个问题相关的部门和人员，都找不到任何理由去推卸自己的责任，就表明这个公司权责是清晰的。

在这个案例中，我们看到，一旦问题出现了，几乎所有部门都有充分的理由去推脱责任，这是典型的权责不清晰。权责清晰的重要性是如何体现的呢？若权责清晰且落实到位，则员工各司其职，整个组织自动进入一种高效的运转状态，组织是健康的。但若权责不清晰，大家互相推诿，出了问题也没有责任人承担，更有甚者，高层管理者完全寄希望于个别角色，这些恃"权"而骄的员工本该承担相应责任但并没有做好该做的事，相反，那些真正有信心和能力来承担责任、解决问题的人可能并没有被赋予相应的权力。长此以往，组织中会形成大量不负责、混日子的"搭便车"者。而那些致力于解决问题的积极主动者慢慢会变得疲惫无助，这些人要么同样沦落为"搭便车"者，要么离开这样的组织。这个组织最终会沦落为"搭便车"者的天下，问题不断，内耗严重。

第二，沟通不畅。首先我们从沟通渠道或沟通机制上来讲，该企业的纵向沟通有如此严重的问题，作为销售部门的经理最近才知道，更不用说分管营销的副总以及公司的总经理；其次，该企业的横向沟通也有问题，技术支持部门说："我可以为客户提供技术支持"，言外之意是："你没有告诉我"；再从沟通程序来看，谢经理直接向总经理报告，属于越级汇报。

第三，流程不清晰。在实际工作过程中，如何判断工作流程呢？很简单，一旦问题出现，每个人都非常清楚，第一步怎么做，第二步怎么做，这就表明在这个事情上是有流程的。本案例中，我们看到的是恰恰相反的现象。问题出现之后，谢经理不知道找谁，转了一圈，又回到了原点，这是属于典型的流程不清晰。清晰的工作流程可以有效地限制员工的主观随意性、做事的隐蔽性，而且能够促进员工间相互监督，保证能力稍微欠缺的人选择效率最优手段。同时，清晰的工作流程可以帮助管理者了解实际工作，消除多余的工作环节，使工作流程更为经济、合理，从而提高工作效率。

第四，质量管理意识缺乏。在案例中，质量管理部门说了一句话："如果质量管得再严一点，更没有办法按期交货"，这是极其错误的。质量是企业的生命，任何情况下，都不得以降低产品的质量来换得问题暂时的解决。降低产品质量，对企业来讲实际上就是一种"自杀"行为。好的质量管理不仅能够最大程度上确保和客户利益一致，也是保证企业持续发展的根基。

第五，企业文化缺失，企业成员缺乏责任担当意识。在案例中，问题出现之后，各部门都表态"我没有责任"，而不是齐心协力一起去解决问题，这是缺乏责任担当意识的表现。优秀的企业文化，对内能形成凝聚力、向心力和约束力，形成企业发展不可或缺的精神力量和道德规范，使企业的资源得到合理配置，从而提高企业的竞争力。

第六，组织结构不完善。该化工公司正处于企业发展的分权阶段，组织结构的建立，以产品或职能事业部为基础，但是出现了很多问题，组织内部各利益集团纷纷成了"小企业"，总经理亲自决策的数量越来越少，高层管理者对各"小企业"失去了控制。

在讨论这个案例的过程中，有些人认为最大的责任部门是销售部，有些人认为最大的责任部门是财务部，也有些人认为最大的责任部门是质量管理部。

实际上，这家企业每个部门几乎都存在问题。这说明公司管理体系上存在问题，是领导者的问题，最大的责任人是总经理。

解决这个问题的当务之急是如何化解这次危机。建议从资金入手，财务部门要想办法尽快融资，解决当前资金短缺的燃眉之急。当然，销售部门也应该跟客户沟通，为了鼓励客户按期回款，可以暂时给客户一些优惠政策，取得用户理解，尽可能提高回款率。有了资金，就可以买来原材料进行正常的生产活动并按期交货。

同时，还要强化质量管理，不以任何借口降低产品质量。如果工作只做到这一步，而不进一步从管理的深层次上解决问题的话，这一次问题解决了，下一次很快就会出现类似的问题。

所以必须从长远打算，从深层次上采取管理措施：一是明确职责；二是明晰流程；三是建立沟通的机制、沟通渠道；四是强化质量管理意识，推行"全员质量管理"；五是建立良好的企业文化，培养员工的责任意识；六是完善企业组织结构。

这个案例可以给我们带来几点思考：（1）一个优秀的企业不是哪一个环节做得优秀，而是没有一个环节来破坏整体；（2）现行的好企业中没有优秀的个体，只有优秀的整体；（3）优秀的企业中，同样的问题往往只会出现一回，而管理较差的企业中，同样的问题会反复出现。

-------------------➤

思考与研讨

某项目部署给客户后，重现了一些以前已经解决的问题，而这些问题测试时并没有出现。经检查，发现测试的版本不是部署的版本，不知道为什么把老版本部署给了客户。领导要追究责任，于是大家各有说法。

开发人员说：我是按要求打标签的，没有问题。

测试人员说：我是在提交区中取版本来测试的，我没有出错。

实施人员说：我是按照开发给我的版本去部署的，我没有过失。

最后终于有人说：是之前已经离职的某某弄错版本号导致的。

在这个案例中，反映出的最大问题是什么呢？为什么会出现这样的情况？如何防止这样的现象再次发生？

请结合你个人工作或生活中的实例，参与我们的讨论。

【释疑解惑】

在该案例中，最大问题是项目各部门权责不清，且发生问题后各部门成员互相推卸责任，存在"踢皮球"现象。

出现这样的情况主要有以下几个方面的原因：（1）权责不明。公司没有建立起完善的流程机制和项目对接机制，在关键环节缺少必要的监察且事后没有明确的追责程序。（2）沟通不畅。各部门员工之间缺少必要的合作，在项目部署过程中没有及时沟通并发现问题。（3）团队成员缺乏责任意识。各部门员工责任感弱，在发生问题后互相推卸责任。（4）企业文化建设不到位。公司既没有强化员工的责任意识，也没有贯彻落实精益求精的质量意识。

为防止这样的现象再次发生，可采取如下措施：（1）完善工作设计，明确各部门职责，加强相关的奖惩机制；（2）完善组织内部沟通机制，增加沟通渠道，例如可采取经验分享会等形式；（3）对员工进行责任意识教育，定期组织团体项目活动，增强员工的团队荣誉感和凝聚力；（4）领导人要加强企业文化建设和团队管理，在文化思想上把握好大局。

（更多分析观点，请关注本课程"学习平台"的互动讨论区）

←- - - - - - - - - - - - - - - - - -

6.3 案例 3：个人优秀意义不大

- - - - - - - - - - - - - - →

困惑与思考

小李在美国进修管理信息系统方向的硕士学位，有一门课要求他们每四个人一组到企业去实践，帮助企业开发管理软件。由于同组的另外三个美国学生对程序开发都没什么概念，小李几乎独立完成了所有的工作，厂商及老师对他们开发的管理软件都非常满意。

第二天，小李满怀希望地跑去看成绩，结果竟然是一个 B，更气人的是，另外那三个美国学生成绩都是 A。小李懊恼极了，赶快跑去找老师。

"老师，为什么其他人都是 A，只有我是 B？"

"噢！那是因为你的组员认为你对这个小组没有什么贡献！"

"老师，你应该知道那个程序几乎是我一个人弄出来的！"

"哦！是啊！但是他们都是这么说的。"

"老师，说起贡献，杰克每次我叫他来开会，他都推三阻四，不愿意参加。"

"对呀！但是杰克说那是因为你每次开会都不听他们的，所以他觉得没有必要再开什么会!"

"那吉米呢? 他每次写的程序几乎都不能用, 都是我完全改写后才能用!"

"是啊! 就是这样, 吉米觉得他没有得到尊重, 就越来越不喜欢参与, 他认为你应该为这件事负主要责任!"

"那撇开这两个不谈, 麦瑞呢? 她除了晚上帮我们叫披萨外卖以外, 几乎什么都没做, 为什么她也能拿 A?"

"麦瑞啊! 杰克和吉米认为, 她对于挽救你们小组陷于分崩离析有最大的贡献, 所以应该得 A!"

"亲爱的老师! 我想不明白。"

"噢! 可怜的孩子, 你会打篮球吗?"

这事到底与篮球有什么关系? 小李想不明白。

▶▶思考题: 如果请你对小李进行评价, 你会给小李评哪个等级? (请注意: 在评价过程中, 不对其他成员和老师做任何评价)

◀- - - - - - - - - - - - - - - - - -

我在给一些公司做培训时, 多次组织大家讨论过这个案例, 大家争论得非常激烈。有人认为, 小李完成了老师交给他的任务, 从"结果导向"的角度来评价, 应该给小李评定的等级为 A。当然, 也有人认为应该评为 B 或 C, 甚至有人认为应该评为 D。

为什么大家会给小李评出不同的等级呢? 是因为大家所依据的绩效评价体系不完全一样。由于评价体系不相同, 对同一个人当然会给出不同的评价等级。

首先请大家思考这样一个问题: 作为一家企业, 需要怎样的绩效评价体系? 绩效评价体系是强调公司今天事情的完成, 还是更应该立足公司未来长期的更好发展？其实，公司在不同的发展阶段所面临的任务是不一样的，所需要的绩效评价体系也应该是不一样的。

如果是一家处在初创期的公司，当前面临的最主要问题就是"生存"，在公司处于初创期这个阶段，公司的绩效评价体系应该更多地强调"今天事情的完成"，也就是"结果导向"。在这种情况下，小李当然应该评为"A"。如果公司已经由初创期进入发展期，公司的绩效评价体系显然应该是立足公司未来长期更好的发展，在这种情况下，小李是否应该评为"A"，就需要思考了。

再请大家思考另外一个问题：小李是否完成了组织交给他的职责？很多人告诉我，小李当然是完成了组织交给他的职责呀！我的回答是：小李只是完成了组织交给他的一项具体任务，却没有完成组织交付的职责。

什么是管理？管理者的职责是什么？在前面的课程中，我们曾经讲过，管理就是通过他人的努力去实现组织的目标。

管理者具有双重职责，一方面是完成具体的任务，另一方面更重要的是在完成具体任务的过程中提升团队成员的能力，组织交付更重要、更复杂的任务时，这个团队能够更好地完成。

这一次，小李依靠单打独斗，很侥幸地完成了软件开发这项工作任务，这个团队下次还能够完成相同的任务吗？下一次更重要、更复杂的任务，这个团队还能够完成吗？答案是：不一定！因此，从管理者应该履行的双重职责来看，小李并没有完成组织交给他的任务，没有能够在带领大家完成具体任务的过程中，提升团队成员的各种能力。

接下来，我们来给小李评定具体等级。小李既是专业技术人员，又是小组组长，我们可以分别从这两个角色给小李评定等级。

从专业技术人员角色来评价，小李应该被评为什么等级？很多人告诉我，小李作为专业技术人员，当然应该评为"A"。我的观点是小李作为专业技术人员也不应该评为"A"。

请再次思考，最优秀的专业技术人员应该具备什么条件？在强调知识分享和学习型组织建设的今天，优秀的专业技术人员不仅仅是能够完成自己的工作，同时也要能够并愿意将自己的知识和经验同团队成员分享，这才是最优秀的专业技术人员。显然，如果按照这个标准，从专业技术人员角度去考核小李，小李的表现最多只能评为"B"。

从小李作为组长的管理者角色来考核，小李应该评为什么等级？我给小李所评的等级是"D"。我认为小李完全没有发挥管理人员的职能，优秀的管理人员不仅仅是去完成一件具体的事情，更重要的职能是充分调动团队成员的积极性，通过团队成员的共同努力达成组织目标，管理者被赋予的使命不是让他个人多么杰出，而是要通过团队去完成远超个体所能胜任的更多的任务，并且让团队成员获得成长。

从专业技术人员角色考核，小李的等级是"B"，从管理人员角色考核，小李的等级是"D"，我最后给小李评定的综合等级是"C"。当然，我丝毫不否认，如果给小李评定是"C"，那么，其他成员也不应该被评为"A"，老师给其他成员评定"A"的做法是值得商榷的。

我们讨论这个案例的真实目的并不是去给小李评定一个具体的等级，我们想通过这个案例让大家明白这样一个道理：管理者与操作者的职能是有区别的，管理者重要的职能是通过协调、沟通等多种手段充分调动团队成员的积极性，通过团队成员的共同努力达成组织目标。

记得有一次，我在培训时分析到这个案例，现场一位学员十分激动。这位学员告诉我们，他自己创办了一家公司，在他的公司曾经有过一位部门主管，同小李情况几乎完全一样。这个部门主管是公司的老员工，也是一个业务能手。作为老板，他一直都知道安排给这个部门的工作，通常是这个部门主管干得最多，甚至是他一个人独自完成的。在他心目中，他一直认为这是一位优秀的部门主管。但是后来发生了一件事，让他彻底醒悟了。当时公司接到一个项目，交给这个部门去完成，项目干了一大半，这个部门主管突然告诉老板，他找到了一份新的工作，要求辞职。这位老板希望他干完这个项目后再离职，但是无论如何劝说挽留，他都没有接受。这个主管离职后，他才发现这个部门其他人都没有能力接下这项任务，甚至这个项目做什么、做到什么程度，很多人都一问三不知。这个项目就是因为这位主管的离职而中断了，给公司带来了很大损失。这位 MBA 学员告诉我，现在回过头思考这件事，他才认识到，这是一位非常糟糕的部门主管，正是由于他长期"单打独斗"，其他成员才始终没有得到成长的机会。

在实际工作中，类似的人其实非常多，他们中有相当一批人是由于业务能力强而被提拔到管理岗位的。由业务员转变为管理者后，他们可能仍然非常尽心尽力，加班到最晚才走，然而团队的绩效却始终得不到提高。他们的问题就在于：没有发挥好一个管理者的作用，没有能够实现由一个普通员工到管理者的角色转换。管理者的眼光不能只局限于自身或具体任务，必须放大格局、统筹全局，充分调动团队成员的积极性，使团队在完成任务过程中不断获得成长。

- - - - - - - - - - - - - - - - - ➤

思考与研讨

案例中小李的老师有哪些值得学习总结的地方？

请结合你个人工作或生活中的实例，参与我们的讨论。

【释疑解惑】

管理之道，在于"借力"。一个好的管理者不一定要做到事无巨细，事必躬亲，而是应该充分发掘员工的闪光点并根据具体任务要求合理安排人事，充分调动团队成员的积极性。通过团队成员的共同努力达成组织目标，在提高员工能力和自信心的同时，将组织打造成一个完美运行的有机体系。

当今社会，企业面临的外部环境愈发复杂，由于管理者的有限理性，事无巨细的管理并不能保证结果可控且最优。事必躬亲的管理方式，表面上看似风平浪静，其实隐藏着巨大的风险。在这种管理模式下，团队成员往往是被动地服从，缺少风险应对意识，无法实现真正的成长。组织轻则出现领导者不在团队运转不周的现象，更严重的是，倘若领导者辞职或缺位，团队将面临分崩离析的巨大风险。

（更多分析观点，请关注本课程"学习平台"的互动讨论区）

参 考 文 献

［1］熊勇清. 管理素质的五项修炼 ［M］. 北京：经济科学出版社，2020.

［2］熊勇清. 组织行为管理 ［M］. 长沙：湖南人民出版社，2011.

［3］熊勇清. 管理学 100 年 ［M］. 长沙：湖南科技出版社，2013.

［4］袁凌，吴文华，熊勇清. 组织行为学 ［M］. 北京：高等教育出版社，2015.

［5］熊勇清. 管理学 ［M］. 上海：复旦大学出版社，2011.

［6］［美］斯蒂芬·P. 罗宾斯，蒂莫西·A. 贾奇. 组织行为学（第 18 版）［M］. 北京：中国人民大学出版社，2021.

［7］［美］约翰·W. 斯洛科姆，达恩·海瑞格尔. 组织行为学（第 13 版）［M］. 北京：北京大学出版社，2028.

［8］［美］史蒂文·L. 麦克沙恩，玛丽·安·冯·格利诺，吴培冠. 组织行为学（第 7 版）［M］. 北京：机械工业出版社，2017.

［9］［美］贾森·A. 科尔基特，杰弗里·A. 勒平，迈克尔·J. 韦森. 组织行为学 ［M］. 北京：人民邮电出版社，2016.

［10］［英］劳里·J. 马林斯，吉尔·克里斯蒂. 组织行为学（第 7 版）［M］. 北京：清华大学出版社，2013.